王居恭 著

文史哲學集成

周易旁通

文史哲出版社印行

國立中央圖書館出版品預行編目資料

周易旁通 ／ 王居恭著. -- 初版. -- 臺北市：
文史哲，民81
　面；　公分. -- (文史哲學集成 ；265)
ISBN 957-547-178-4(平裝)

1. 易經 - 批評，解釋等

121.17　　　　　　　　　　　　　　81005657

㉖　文史哲學集成

周易旁通

著　者：王　居　恭

出版者：文史哲出版社

登記證字號：行政院新聞局局版臺業字五三三七號

發行人：彭　正　雄

發行所：文史哲出版社

印刷者：文史哲出版社

台北市羅斯福路一段七十二巷四號
郵撥○五一二八八一二彭正雄帳戶
電話：三五一一○二八

中華民國八十一年十一月初版

實價新台幣三六○元

自　序

　　先寫出《漫談周易》一書，是從哲學、史學、美學、數學着眼，闡釋易學。但易學包羅萬象，可以從諸多方面去理解，此即「周易旁通」之義。「旁通」本漢魏易學術語，本書書名却用此兩字字面意義。

　　易學大師尚秉和先生總結自己治易經驗說：「未學易，先學筮」，我寫《奇門遁甲》和《火珠林法》兩章，即受此思想啓發。空泛談象術不得要領，具體深入到占筮中去，才懂得象數。占筮或預測，作為一種文化現象，一種思維模式，一種心理需要，應該研究。民間的或民俗的文化，也很難禁止。事實上，卦攤從周代已經擺到現在。問到筆者對占卜的見解，答曰：「筆者從未占卜過自己的命運，也未曾擇吉日良辰做某事，因為我從未相信人生歷程是命裏注定，人生逆境多，順境少，向命運抗爭是人的生命的主旋律。在本書中，筆者談到：對占筮繼承和批判都談不止，只是站在洞口向洞內看看，莫測高深。這樣談很實際，因為筆者對許多問題說不清楚。假如將六十四卦看作計算機數據庫，起卦即是一種尋址。這種尋址和數據庫之間，誰能說得清楚其必然聯繫。本書《火珠林法》第七部分：《難以逾越的鴻溝》，寫了這種看法。

　　這裏略談對「精神之學問」的價值評估。陳寅恪先生研究中國文化，對佛教似大有好感，他說：「佛教實有功於中國甚大，

而常人未之通曉，未之察覺……自得佛教之裨助，而中國之學問，立時增長元氣，別開生面。」（《吳宓與陳寅恪》，吳學昭著，清華大學出版社，一九九二年三月版）。而胡適先生下大功夫於禪宗史，但他並不喜歡佛教，在《胡適自傳》（口述稿）裏說：「我對佛家的宗教和哲學兩方面皆沒有好感」，「我一直認爲佛教……對中國的國民生活是有害無益，而且爲害至深至遠」。這兩種截然不同的見解，很有趣味，實際他們是從不同的角度，尋求學問對人生的價值。占卜是一種文化現象，也有價值評估問題。我們研究它，或是歷史性的清算，或是着眼於民俗和心態。如果從天、地、人大系統來思考，和宇宙全息論來思考，占卜自構成子系統，雖然其自身難以認知，難以逾越。但占卜走向太實用，像翻開一本字典能查找各種各樣的物事，這不是中國傳統「象數」之學，也遠非易學的「活變」預測，而是迷信了。

　　本書對奇門遁甲和火珠林法的判定問題，未展開討論，因爲筆者着重點在其「運算」，而運算也是簡單介紹，非其全面。本書《律呂與古太極圖》及《河圖初釋》兩章，雖然篇幅不長，却着力不少。當願對古太極圖及圖書之學能深入研究下去，再寫成專書。

　　是爲序。

王　居　恭

一九九二年七月

周　易　旁　通

目　　次

周　易　卦　序

《周易》是以卦表現自身，或表達自身，卦是《周易》的主題。本章研究卦的排序。

一、伏羲八卦序

「《易》以道陰陽」「一陰一陽謂之道」這是中國古代人的思想模式，是中國本土思想，是中國傳統文化的精萃。「一陰一陽之謂道」包含了質和數兩個方面，即假如認爲《周易》是泛泛而談陰陽變化，或變化的質的規定性，那麼問題遠遠沒有完結，實際，《周易》之道陰陽，除了質的規定性，還有量的規定性，伏羲八卦之卦序就是對陰陽的量化。

伏羲八卦的排序是：

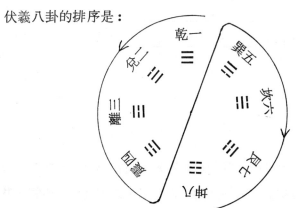

1^0 以「陽」表示一種質能，位於上者質能愈小，從上到下以二倍遞增。

如：　　　　　—— 2^0 陽

乾一　　——　2^1 陽　　$2^2 + 2^1 + 2^0 = 7$ 陽

　　　　　—— 2^2 陽

　　　　　— — 0 陽

兌二　　——　2^1 陽　　$2^2 + 2^1 + 0 = 6$ 陽

　　　　　—— 2^2 陽

....

　　　　　— — 0 陽

坤八　　— — 0 陽　　$0 + 0 + 0 = 0$ 陽

　　　　　— — 0 陽

或借用朱子《周易本義》之易圖，以面積大小表示含陽量之數量。

2^0	////0///	2^0	////0///	2^0	////0///	2^0	///0///
2^1	////////0/////////			2^1		////////0////////	
2^2				//////////0//////////			

伏羲八卦排序，我們只能尋求一種較為合理的解釋，假如認為「一定這樣」，未免武斷。換言之，對古文化的研究，我只提出可能性，而不是確定性。

以面積表示含陽量之數量，列表如下：

卦名	卦	含 陽 量 計 量	卦序
乾	☰	$2^2 + 2^1 + 2^0 = 7$ 陽	一
兌	☱	$2^2 + 2^1 + 0\ \ = 6$ 陽	二
離	☲	$2^2 + 0\ \ + 2^1 = 5$ 陽	三
震	☳	$2^2 + 0\ \ + 0\ \ = 4$ 陽	四
巽	☴	$0\ \ + 2^1 + 2^0 = 3$ 陽	五
坎	☵	$0\ \ + 2^1 + 0\ \ = 2$ 陽	六
艮	☶	$0\ \ + 0\ \ + 2^0 = 1$ 陽	七
坤	☷	$0\ \ + 0\ \ + 0\ \ = 0$ 陽	八

　　由三爻之伏羲八卦，爻數向上遞增，形成六爻卦，即六十四卦體系。其含陽量計量，仍從上到下二倍率累計。

　　例如三爻卦第八序之坤卦，遞變爲六爻卦之坤、剝、比、觀、豫、晉、萃、否，八個卦。其計量列表如下：

卦名	卦	含陽量計量（括號內爲二進制計數）	卦序
坤	䷁	$0+0+0+0+0+0\ \ = (000000) = 0$ 陽	0
剝	䷖	$0+0+0+0+0+2^0 = (000001) = 1$ 陽	1
比	䷇	$0+0+0+0+2^1+0\ \ = (000010) = 2$ 陽	2
觀	䷓	$0+0+0+0+2^1+2^0 = (000011) = 3$ 陽	3
豫	䷏	$0+0+0+2^2+0\ \ +0\ \ = (000100) = 4$ 陽	4

（續表見次頁）

卦名	卦	含陽量計量（括號內爲二進制計數）	卦序
晉		$0+0+0+2^2+0+2^0=(000101)=5$陽	5
萃		$0+0+0+2^2+2^1+0=(000110)=6$陽	6
否		$0+0+0+2^2+2^1+2^0=(000111)=7$陽	7

注：此處卦序爲計量卦序，實際卦序是此計量卦序加 1。

又如三爻卦第一卦之乾卦，遞變爲六爻卦之泰、大畜、需、小畜、大壯、大有、夬、乾，其計量列表如下：

卦名	卦	含陽量計量（括號內爲二進制計數）	卦序
泰		$2^5+2^4+2^3+0+0+0=(111000)=56$陽	56
大畜		$2^5+2^4+2^3+0+0+2^0=(111001)=57$陽	57
需		$2^5+2^4+2^3+0+2^1+0=(111010)=58$陽	58
小畜		$2^5+2^4+2^3+0+2^1+2^0=(111011)=59$陽	59
大壯		$2^5+2^4+2^3+2^2+0+0=(111100)=60$陽	60
大有		$2^5+2^4+2^3+2^2+0+2^0=(111101)=61$陽	61
夬		$2^5+2^4+2^3+2^2+2^1+0=(111110)=62$陽	62
乾		$2^5+2^4+2^3+2^2+2^1+2^0=(111111)=63$陽	63

　　注：上表卦序仍爲計量卦序，實際卦序是計量卦序加1。

　　伏羲八卦按含陽量排序，乾☰排爲首卦，坤☷排爲末卦。而伏羲六十四卦排序，是由抽象的數學觀念形成，即由0到63（數學中0的觀念是後來產生的，所以實際排序是1到64）。伏羲六十四卦排序即是二進制，當然我們不必苛求於古人，也用現代人的。1符號，若用此符號，反而感到蹩腳。陰陽溶化在這種卦的圖像中，倒是質與量相結合的最完美的二進制表現形式。

　　2° 研究卦序在圓圖中的S型走向，如圖：

　　伏羲八卦圖　　　　　　　　伏羲六十四卦圓圖

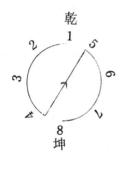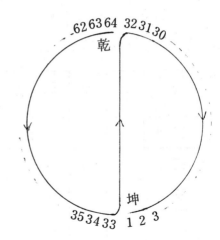

　　卦的對稱性體現爲陰爻對應陽爻，陽爻對應陰爻。伏羲八卦圖，伏羲六十四卦圓圖，嚴格遵守以圓圖中心點爲對稱中心的這一對稱性法則。

　　如：　乾☰對坤☷　　　兌☱對艮☶

　　　　　離☲對坎☵　　　震☳對巽☴

如：　乾☰對坤☷　　　晉☲對需☵

既濟☵對未濟☲，等等。

封的含陽量抽象爲數，對稱兩卦含陽量之和爲一常數。

伏羲八卦圖：$1+8=9$；$2+7=9$；$3+6=9$；

$4+5=9$。

伏羲六十四卦圓圖：$1+64=65$；$2+63=65$；

$3+62=65$　等等。

3^0　古人對數字的組合觀念，產生伏羲六十四卦方圖。以上述含陽量計量數字將方圖「譯」爲如下表格：

計量 下卦＼上卦	☷ 0	☳ 1	☵ 2	☴ 3	☶ 4	☲ 5	☱ 6	☰ 7
☷ 0	0	1	2	3	4	5	6	7
☳ 8	8	9	10	11	12	13	14	15
☵ 16	16	17	18	19	20	21	22	23
☴ 24	24	25	26	27	28	29	30	31
☶ 32	32	33	34	35	36	37	38	39
☲ 40	40	41	42	43	44	45	46	47
☱ 48	48	49	50	51	52	53	54	55
☰ 56	56	57	58	59	60	61	62	63

注意這裏上卦與下卦計量不同：

如上卦之☶計量是 $2^2+2^1+0=(110)=6$

而下卦之☰計量是 $2^5 + 2^4 + 0 = (110000) = 48$

伏羲八卦圖及伏羲六十四卦方圓圖（簡稱伏羲圖），是研究易學，研究古代文化經常用到的圖譜。《易經來註圖解》一書諸多引用伏羲圖，如《天與日會圓圖》云：「姤，大過，為午未兩宮之交會」「秋分，日出觀入坎」「冬至，日與天會復」「天盤左旋，以內辰宮對外之角，亢，氐；內之巳宮對外之翼，軫。日從右行，到冬至、夏至，與天氣相會」。此圖以太極為中心，內一圈標以子、丑……亥十二支，即十二宮，內二圈標以自復至坤十二辟卦，內三圈標以十二月及二十四節氣，內四圈標以二十八宿，外圈即是伏羲六十四卦。現代人讀此圖，是在瞭解歷史，瞭解古文化，不會讀出任何新意。這裏我不是妄自非議先儒，而是談到學易的方法，要有歷史觀點。易象和天象相關聯，這是易學的形成問額，但反過來以伏羲圖說明日之運行及天象，不如直接讀古曆書，古天文誌更確切。伏羲圖，我認為給予現代人的，是哲學的思考。陰陽及其量的計量與排序，以及對稱性結構，是易學公理。從微觀世界來說，我們可以想到原子構造，下面摘抄一段物理學史。玻爾 1911 － 1912 年在英國學習，「在短短的四個月時間內，他以難以置信的強度和專心進行了工作，奠定了他在物理學方面最偉大成就（即原子構造理論）的基楚」。「玻爾熱心地接受了新的模型，而且很快就認識了它的深遠含義，特別說來，他指出了原子的有核模型蘊含著化學性質和放射性質之間的明確區分，前者被認為是屬於外層電子的，而後者影響核本身」。「玻爾根據他對金屬中電子行為的研究，已經確信經典動力學的適用性在原子範圍內將受到一種根本性的限制，而且他也毫不懷疑這種限制將在某種方式下受到普朗克作用量子的支配」（《

尼耳斯·玻爾集》第一卷）。1910 年底，即在玻爾到達盧瑟福實驗室的前一年，盧瑟福爲了說明 α 射線的大角度散射，已經提出了原子的一種「有核模型」。原子模型的確立，是以實驗爲基礎。科學方法是具體的，針對某一對象的；哲學方法分析的不是某一具體對象，而是諸多對象中的某些共同性或總體。諸如坐標系性、對稱性、相對性等等。哲學是由綜合的工作轉化爲預測的工作。伏羲八卦和六十四卦的框架結構，不是給予我們知識，而是給予我們思考。原子構造無非是研究質能（陰陽）和電子運動（計量），這也正是伏羲卦之模型所蘊涵的質能和計量的思考。

伏羲卦帶有根本性的法則，但其究竟是被發現還是被發明，這個問題並不是毫無意義的。要證明一個思維形式的存在，必須弄清它是怎樣構造出來的。伏羲卦的基本特徵是㊀強調整體性。六十四卦是整體，八卦是部分；八卦是整體，單爻是部分。把經驗的現象分解爲各個部分，對它們孤立地一一加以研究，這種方法把整體看作部分的有機的總和。原始的概念，陽爻、陰爻，是生命的基礎，是本質，將其投射向萬物和宇宙，於是宇宙整體也是有「生命」的，這種「生命」千差萬別，這就是伏羲卦的總和。老子的「道」，中國哲學中的「氣」，宋明理學中的「理」，完全可以取象於伏羲六十四卦。㊁強調內在結構，把握深藏於現象中的本質。如伏羲卦表現宇宙內在結構之一，是量的變化和合成；是對稱性和相對性。從伽利略和牛頓以來，自然規律中的對稱性，已在構造物理理論中起到了作用，對稱性的概念來源於幾何，伏羲卦不是幾何，然而它的思維模式，可以直接通向幾何。㊂強調內部因素的研究。從坤至乾六十四卦，計量爲 0 — 63，其結構是封閉的、自足的。數學中群的定義，無論八卦重疊，或六爻之變，

不出此六十四卦數，是一個封閉體系。但伏羲六十四卦的意義不是闡述此數學概念，其哲學思考是六十四卦包容宇宙萬物，每卦都是宇宙內部因素。古人重視內部因素的分析，和內在結構的把握。㈣既強調共時態（靜態），也強調歷時態（動態）。每卦是靜止的，又是互變的。爻變可以引起卦變，即對於一個給定的模式，可以排列出一組轉換模式。那麼，伏羲卦是怎樣構造出來的？誰人構造出來的？這是很難解答的問題，源於古代，但於古無徵。我們祇能說伏羲卦的真理性是由人的智慧和哲學思考來構造。

二、帛書易卦序

馬王堆漢墓帛書易六十四卦又是一種排序。其上卦之八卦前四卦是陽卦，後四卦是陰卦。陽卦，陰卦之區分：一卦之中陽爻、陰爻以少者為主，如☶為二陰爻一陽爻，稱作陽卦。又約定以奇數1、3、5、7表示陽卦，以偶數2、4、6、8表示陰卦。上卦排序為：

1	3	5	7	2	4	6	8
鍵	根	贛	辰	川	奪	羅	筭
☰	☶	☵	☳	☷	☱	☲	☴
（陽）	（陽）	（陽）	（陽）	（陰）	（陰）	（陰）	（陰）

下卦八卦為上卦之重新組合，即陽卦陰卦兩兩相配：

1	2	3	4	5	6	7	8
鍵	川	根	奪	贛	羅	辰	筭
☰↔☷	☶↔☱	☵↔☲	☳↔☴
（陽）	（陰）	（陽）	（陰）	（陽）	（陰）	（陽）	（陰）

由下卦、上卦組合成帛書易六十四卦。約定下卦以符號

（１２３４５６７８）表之，即其數字按上卦卦序（１３５７２

４６８）移至首位，其他數字次序不變，將六十四卦分爲八宮，

如此構造每宮首卦爲重卦（上卦下卦相同）。

列表如下：

上卦＼下卦	（１２３４５６７８）							
1	1 1	1 2	1 3	1 4	1 5	1 6	1 7	1 8
3	3 3	3 1	3 2	3 4	3 5	3 6	3 7	3 8
5	5 5	5 1	5 2	5 3	5 4	5 6	5 7	5 8
7	7 7	7 1	7 2	7 3	7 4	7 5	7 6	7 8
2	2 2	2 1	2 3	2 4	2 5	2 6	2 7	2 8
4	4 4	4 1	4 2	4 3	4 5	4 6	4 7	4 8
6	6 6	6 1	6 2	6 3	6 4	6 5	6 7	6 8
8	8 8	8 1	8 2	8 3	8 4	8 5	8 6	8 7

按此排序方法，得出帛書易六十四卦：

鍵宮	鍵 ¹₁	婦 ¹₂	掾 ¹₃	禮 ¹₄	訟 ¹₅	同人 ¹₆	無孟 ¹₇	狗 ¹₈
根宮	根 ³₃	泰蓄 ³₁	剝 ³₂	損 ³₄	蒙 ³₅	蘩 ³₆	頤 ³₇	箇 ³₈
贛宮	習贛 ⁵₅	襦 ⁵₁	比 ⁵₂	蹇 ⁵₃	節 ⁵₄	既濟 ⁵₆	屯 ⁵₇	井 ⁵₈
辰宮	辰 ⁷₇	泰壯 ⁷₁	餘 ⁷₂	少過 ⁷₃	歸妹 ⁷₄	解 ⁷₅	豐 ⁷₆	恒 ⁷₈
川宮	川 ²₂	奈 ²₁	嗛 ²₃	林 ²₄	師 ²₅	明夷 ²₆	復 ²₇	登 ²₈
奪宮	奪 ⁴₄	夬 ⁴₁	卒 ⁴₂	欽 ⁴₃	困 ⁴₅	勒 ⁴₆	隋 ⁴₇	泰過 ⁴₈
羅宮	羅 ⁶₆	大有 ⁶₁	潛 ⁶₂	旅 ⁶₃	乖 ⁶₄	未濟 ⁶₅	筮蓋 ⁶₇	鼎 ⁶₈
筭宮	筭 ⁸₈	少蕢 ⁸₁	觀 ⁸₂	漸 ⁸₃	中復 ⁸₄	渙 ⁸₅	家人 ⁸₆	益 ⁸₇

帛書易的研究是一個新課題，特別是卦序問題，就目前學術界的看法，部分摘抄如下：

于豪亮先生認為：「漢石經，《周易集解》和通行本，六十

四卦排列次序相同，帛書却與之全然不同，因此，帛書本顯然是另一系統的本子。」「帛書可稱爲別本《周易》，它的卦序簡單，可能是較早的本子，從字體來看，抄本的時代應在漢文帝初年。」（《帛書周易》載《文物》一九八四年第三期）

張政烺先生認爲：「漢唐石經和通行本《周易》六十四卦次序一樣，從十翼和一些古書的引文看知是舊本如此。帛書六十四卦大不相同，乃經人改動……筮人一般文化程度不高，爲了實用，不求深解，按照當時通行的八卦次序機械地編造出帛書六十四卦這樣一個呆板的形式，自然會便於檢查，却把易學上的一些微言奧義置之不顧了。」（《帛書六十四卦跋》載《文物》一九八四年第三期）

高亨先生認爲：「此種順序，在占筮時得到某一卦與變爲某一卦，易於尋檢《易經》本文，只合於巫術之需要，不具有哲學之意義。」（《周易大傳今注‧卷首附注》）

劉大鈞先生認爲：「今本六十四卦當初可能是在帛書《易經》六十四卦排列順序的基礎上，按照『二二相耦，非復即變』的原則，多數卦又重新作了排列。」「至秦，《周易》未焚，故各種本子傳之不絕。後來，今本《周易》被田何傳入西漢，成爲主要流傳的本子，但帛書六十四卦的出土，說明漢初仍有其他本子流傳。估計至漢武帝獨尊儒術之後，今本《周易》憑藉孔子十翼的傳說，變成了正統，並被尊爲六經之首。其他不合於聖人之傳的本子，則被淘汰。」（《周易概論》p327.，p335‧）

研究卦序大略有幾個方面：㈠六十四卦是六爻單獨成卦，或由八卦重疊而成，㈡組合方式，有序或無序，㈢卦體和卦名的相關性。

　　我認爲伏羲六十四卦，可以是八卦相重，也可以是六爻成卦。數的產生遠在有史以前，從數走向計數，使不同質的概念，統一爲抽象的數的概念。計數的再前一步，是數的組合，伏羲六十四卦正是古人的組合數學。饒有意義的是伏羲六十四卦既是數學，又觸及到質和量這一哲學範疇，已如上述。帛書六十四卦是由八卦重疊而成，其內涵是陰陽組合。通行本六十四卦和帛書六十四卦截然不同，不是八卦相重而是六爻自行成卦。其卦體組合方式，介於有序和無序，但以卦名嚴格排列而成有序卦。如下表格說明通行本六十四卦非爲八卦相重，且卦體爲無序卦：

上卦／下卦	☰	☱	☲	☳	☴	☵	☶	☷
☰	1	43				5	33	11
☱					61		41	19
☲		49		55	37	63		13
☳	25	17	21	51		3	27	
☴					57			
☵		47			59	29		
☶		31			53	39		
☷		45	35		9		23	

　　其中數字是卦序，僅列出奇數卦，其排列是無序的，且無論如何調換上卦、下卦次序，也仍然無序。但偶數卦是奇數卦的平對或反對，即二者之間是有序排列：

1	2	3	5	7	9	11	13	15	17	19	21
乾	坤	屯	需	師	小畜	泰	同人	謙	隨	臨	噬嗑

| ↔ | ↕ | ↕ | ↕ | ↕ | ↕ | ↕ | ↕ | ↕ | ↕ | ↕ | ↕ |

4	6	8	10	12	14	16	18	20	22

23	25	27	28	29	30	31	33	35	37	39	41
剝	無妄	頤	大過	坎	離	咸	遯	晉	家人	蹇	損

| ↕ | ↕ | ↔ | ↔ | ↔ | ↔ | ↕ | ↕ | ↕ | ↕ | ↕ | ↕ |

24	26	32	34	36	38	40	42

43	45	47	49	51	53	55	57	59	61	62	63
夬	萃	困	革	震	漸	豐	巽	渙	中孚	小過	既濟

| ↕ | ↕ | ↕ | ↕ | ↕ | ↕ | ↕ | ↕ | ↕ | ↔ | ↔ | ↕ |

44	46	48	50	52	54	56	58	60	64

　　其中符號↔表示平對關係，即兩卦之間陰陽爻互易。符號↕表示反對關係，即一卦是另一卦之倒置。

　　如：　革 ↕ 表示革卦是鼎卦的倒置。
　　　　　鼎

　　或以　革 ↕ 鼎表示之。

　　或以　革 ↕ ＝ 鼎表示，此一方式表示一種運算關係。

六十四卦中，上卦下卦爲同一卦，稱作純卦，純卦有八：

乾 坤 坎 離 震 巽 艮 兌

上卦下卦爲平對卦，稱作交卦，交卦有八：

泰 否 咸 恆 損 益 既濟 未濟

我們研究交卦卦名及象意（僅舉泰、否兩卦爲例）：

泰：尙秉和注：「陽性上升，陰性下降，乃陰在上，陽在下，故
　　其氣相接相交而爲泰。泰，通也。」象曰：「則是天地交而
　　萬物通也。上下交而其志同也。」

否：尙秉和注：「陽上升，陰下降，乃陽即在上，陰即在下，愈
　　去愈遠，故天地不交而爲否。否，閉也。」象曰：「則是天
　　地不交，而萬物不通也。上下不交，而天下無邦也。」

尙氏注，以質能即「氣」來解釋卦體，且取象爲矢量場：

☷↓，☰↑。

泰爲　☷↓☰↑　相交爲泰，爲通，萬物之交化。

否爲　☰↑☷↓　不交爲否，爲閉塞，萬物不能交化。

尙氏將卦體、卦名，極其自然相關聯。

清代著名學者王樹枏氏，嚴律漢人家法，著《費氏古易訂文》
十二卷，該書刊行極少，其見解區別於現行《易》書者。王氏從
古文字學考證，泰的內涵（初九爻辭）爲「偉」，爲「美」充實

了☲之象意。

　　通行本六十四卦，上下經卦序，上經以純卦乾坤爲首，終之純卦坎離。來知德注：「坎離者，乾坤之家，陰陽之府。」下經以交卦咸恒爲首，終以交卦既濟，未濟。終止即既濟，未終止即未濟，既濟未濟意爲相續而循環。

　　以上討論，通行本六十四卦，雖卦體無序，但以卦體、卦名合參之，則有嚴格的次序。有學者認爲《序卦》牽強附會，「非《易》之蘊也」「蓋因卦之次，托以明義」而已（韓康伯語）。尚秉和則認爲「上經始乾坤，終坎離，而以否泰爲樞紐。下經始咸恒，終既未濟，而以損益爲樞紐。其間次序，皆有深意。」（《序卦》注）

　　帛書易與通行本易有四句話，爲諸學者引用研究，帛書《繫辭》：「天地定立（位），［山澤通氣］，火水相射，雷風相榑（薄）」。通行本《說卦》：「天地定位，山澤通氣，雷風相薄，水火不相射。」爲了比較研究，列出㈠帛書六十四卦下卦序列：

鍵	☰	——	天	
川	☷	——	地	＞ 天地定位
根	☶	——	山	
奪	☱	——	澤	＞ 山澤通氣
贛	☵	——	水	
羅	☲	——	火	＞ 水火相射
辰	☳	——	雷	
筭	☴	——	風	＞ 雷風相薄

㈡伏羲八卦序列：

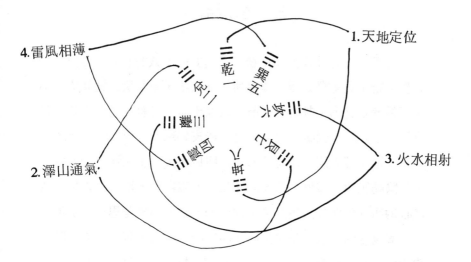

　　通行本《說卦》的四句話實際講的是伏羲八卦，但不能據此說明通行本六十四卦是八卦相重，否則通行本卦序完全可以是伏羲六十四卦序，而非現在之卦序。帛書下卦，又是伏羲八卦之重新組合。我認為帛書易和通行本易，這兩種不同系統的本子的四句話，可以用伏羲八卦訂正，比較合乎情理。表述如下：

帛書《繫辭》	天地定位，山澤通氣，火水相射，雷風相薄
通行本《說卦》	天地定位，山澤通氣，雷風相薄，水火不相射
帛書下卦	天地定位，山澤通氣，水火相射，雷風相薄
訂正（伏羲八卦）	天地定位，澤山通氣，水火相射，雷風相薄

三、京房卦

　　《周易》可分爲兩套系統，一是卦體：八卦和六十四卦，是符號系統，是象數之學，學易所以通其象，學易所以通其數。另一套系統是卦名、卦辭、爻辭、以及十翼，是語言文字系統，學易所以通其辭。就語言文字言之，清皮錫瑞《經學通論・易經》：「賈、董漢初大儒，其說《易》皆明白正大，主義理，切人事，不言陰陽數術，蓋得《易》之正傳。」義理和人事，是人世間所關心的事。義理和人事又離不開哲學範疇，哲學是思辨，那麼一部《周易》的時態，是過去時，現在時，現在進行時，未來時。但也有從另一角度研究《周易》，黎子耀《周易秘義・緒言》：「現在眞相大白，確切知道：《易經》是一部殷周奴婢起義史。」易無達詁，有人說易學是一圓形結構，處處可進，處處可出。但讀書有傾向性，史學家從易中看見史，而着眼於人生者，從易中想得到的是哲理的啓迪，也即「人事」和「義理」。

　　卦體系統是否也有這種朦朧性？卦體是確定的，千變萬化，僅僅是六十有四卦。但方東美先生指出：「學易的人應知道，作易者在未畫卦以前，他的思想寄託於何種意象世界。」王船山也說：「畫前有易，非無易也。」「畫前有易，故畫生焉，畫者畫其畫前之易也。」我們先研究京房卦體結構，然後研究其畫前之易。據《漢書》我們知道京房是被稱爲易學之異黨，其易學所以不傳。實際京房易卦，有其獨特結構，值得重視。京房易卦以八純卦：乾、坤、坎、離、震、巽、艮、兌爲八宮首卦，順六爻之自下而上漸變原則，與遊魂、歸魂之法，組成六十四卦。即初爻

變，二爻變，三爻變，四爻變，五爻變，第六爻不能變，乃復四
爻變，此即謂遊魂，而後下卦復歸於本卦，此即謂歸魂。京房的
學說是「四易說」。將其分割爲：

初爻變，二爻變，爲一易。
三爻變，四爻變，爲二易。
五爻變，遊魂，　爲三易。
歸魂，　　　　　爲四易。

如乾宮之八卦：

乾爲天

天風姤　　初爻變

天山遯　　二爻變

天地否　　三爻變

風地觀　　四爻變

山地剝　　五爻變

火地晉　　遊魂

火天大有　歸魂

京房易卦數學構造是：

(一)每宮八種狀態彼此不相交（兩種狀態相同，稱作交）。

(二)八純卦爲四組平對卦：

A_1	$\overline{A_1}$	A_2	$\overline{A_2}$	A_3	$\overline{A_3}$	A_4	$\overline{A_4}$

$$☰ \leftrightarrow ☷ \qquad ☳ \leftrightarrow ☴ \qquad ☵ \leftrightarrow ☲ \qquad ☶ \leftrightarrow ☱$$

平對卦之兩宮共十六卦，彼此不相交。

設以 a、b、c 表示爻，相應變爻是 $\overline{a}$、$\overline{b}$、$\overline{c}$，平對之兩宮卦，模式是：

0	1變	2變	3變	4變	5變	遊魂	歸魂
a	a	a	a	a	a	a	a
b	b	b	b	b	$\overline{b}$	$\overline{b}$	$\overline{b}$
c	c	c	c	$\overline{c}$	$\overline{c}$	c	c
a	a	a	$\overline{a}$	$\overline{a}$	$\overline{a}$	$\overline{a}$	a
b	b	$\overline{b}$	$\overline{b}$	$\overline{b}$	$\overline{b}$	$\overline{b}$	b
c	c	$\overline{c}$	$\overline{c}$	$\overline{c}$	$\overline{c}$	$\overline{c}$	c
$\overline{a}$	$\overline{a}$	$\overline{a}$	$\overline{a}$	$\overline{a}$	$\overline{a}$	$\overline{a}$	$\overline{a}$
$\overline{b}$	$\overline{b}$	$\overline{b}$	$\overline{b}$	$\overline{b}$	b	b	b
$\overline{c}$	$\overline{c}$	$\overline{c}$	$\overline{c}$	c	c	$\overline{c}$	$\overline{c}$
$\overline{a}$	$\overline{a}$	$\overline{a}$	a	a	a	a	$\overline{a}$
$\overline{b}$	$\overline{b}$	b	b	b	b	b	$\overline{b}$
$\overline{c}$	c	c	c	c	c	c	$\overline{c}$

或以上下卦表之，模式是：

0	1變	2變	3變	4變	5變	遊魂	歸魂
A	A	A	A	B	C	D	D
A	B	C	$\overline{A}$	$\overline{A}$	$\overline{A}$	$\overline{A}$	A
$\overline{A}$	$\overline{A}$	$\overline{A}$	$\overline{A}$	B	C	D	D
$\overline{A}$	B	C	A	A	A	A	$\overline{A}$

兩宮十六卦，兩兩不相交：

下卦＼上卦	A	$\overline{A}$	B	C	D	B'	C'	D'
A	1	12			8	13	14	15
$\overline{A}$	4	9	5	6	7			16
B	2							
C	3							
D								
B'		10						
C'		11						
D'								

(三)A_1、$\overline{A}_1$、A_2、$\overline{A}_2$、A_3、$\overline{A}_3$、A_4、$\overline{A}_4$，兩兩不相交，因此由此八純卦組成之六十四卦亦兩兩不相交。

其次，研究「畫前之易」。方東美先生說：「四易說——大

多數漢儒統稱一卦的初二兩爻爲地易，三四兩爻爲人易，五六兩爻爲天易，京氏爲完成他的學說，便捏造謂：孔子易云有四易，一世二世爲地易，三世四世爲人易，五世六世爲天易，遊魂、歸魂爲鬼易。」京房自行構造一種卦體結構，說明秦漢之際，六十四卦的形式還未定於一尊，六十四卦屬於數學範疇。但京房又不得不託言孔子，這是當時時代背境使然。

　　我感興趣的是「四」字，京房造卦也是以「四」的觀念，然後在數學形式上來完成。太極生兩儀，兩儀生四象，四象生八卦，那麼，㈠太極，㈡兩儀，㈢四象，㈣八卦，構成卦爻系統。卦爻取象，則是宇宙形成的四過程。《老子》：「道生一，一生二，二生三，三生萬物。」是直接說明宇宙生成的四過程。

　　秦九韶「著卦發微」列於《數書九章》八十一問之首。在序言中又云：「聖有大衍，微寓於易，奇餘取策，群數皆捐。衍而究之，探隱知原。」他將《周易》占筮之法，看得極其重要。而《周易》占筮，四營而成卦，又以四營而變卦。《周易》用數來說明宇宙的生成，又認爲根據數能夠預知天地萬物的變化，於是以數來定占筮之法。「四」是算法的結果，又給予哲學的思考。現代人接受到的是這一古代數學哲學信息：

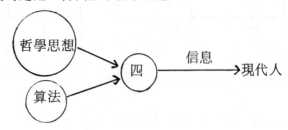

　　研究畫前之易，就是研究古人思想中的文化觀念和哲學觀念。《易緯·乾鑿度》：「聖人因陰陽，定消息，立《乾》《坤》，

統天地。夫有形者生於無形，則《乾》《坤》安從生，故曰：有太易，有太初，有太始，有太素。太易者，未見氣，太初者，氣之始，太始者，形之始，太素者，質之始。」太易、太初、太始、太素，是宇宙構成的四個階段，立《乾》《坤》即立六十四卦，是這種客體的抽象。在秦漢哲學家中，以及先秦哲學家中，沒有一個如《乾鑿度》作者提出宇宙構造說這樣明細。這種哲學觀念的流傳，遠在《乾鑿度》成書以前，《周易》《老子》不是憑空而生，這是錯綜複雜的思想史。

　　構造卦體的全部手續，是將事物排列成序列。對應和序列，這兩大原理，已經深深滲透進全部數學，不僅如此，實際滲透進精密思想的全部領域。一些數字，不是單純的數，而是原始的文化和語言。一些數學哲學語言，被現代人所延用，太易、太初、太始、太素，仍然是現代的宇宙創生學說。這就是研究畫前之易的文化價值和哲學價值。

律呂與古太極圖

一、古代音樂

中國民族音樂是華夏文化的一部分，源遠流長，其源頭是中國古代音樂。約公元前 7000 年 —— 前 207 年的先秦時期，多種打擊樂器和管弦樂器陸續誕生，確立了計算五聲、七聲和十二律的「三分損益法」和十二律「旋相為宮」的轉調理論。先秦時期出於漢族的樂器有鐘、磬、塤、籥、鼓、角、笙、簫、管、邃、琴、瑟、箏、筑等。

出土的甲骨文中有不少樂器名，不僅種類多，而且字形也表現出樂器的結構形式：

如　籥 —— 🎍🎍🎍

從　　就是後世的排簫。

如　樂 —— 🎵🎵

像在木板上張以絲弦，這是商代弦樂器。

出土的編鐘，以湖北隨縣出土的曾侯乙編鐘最完備。曾侯乙死於公元前 433 年，編鐘的開始製造，遠在此以前。編鐘六十四件，每件能發兩個音，總音域跨五個八度。

周以前多用三、四聲音階，周代常用宮、商、角、徵、羽五聲音階，且已知用數學方法來計算五聲音階中各音的弦長比例，其法被稱爲「三分損益法」，即假設宮音的弦長爲81用$\frac{3}{4}$乘之（即三分益一）得下四度徵音的弦長數。徵音弦長以$\frac{2}{3}$乘之（即三分損一），得徵音上五度商音的弦長數。如此反覆推算，便可求出各音的弦長數：

$$宮 = 81$$

$$徵 = 81 \times \frac{4}{3} = 108$$

$$商 = 108 \times \frac{2}{3} = 72$$

$$羽 = 72 \times \frac{4}{3} = 96$$

$$角 = 96 \times \frac{2}{3} = 64$$

這是一個以徵音爲最低音的五聲音階，如要求得以宮音爲最低音的音階，只要改爲先求上五度徵音即可。

求十二律，也是用「三分損益法」。

《史記》共八書，而《禮書》、《樂書》、《律書》、《曆書》並重。太史公述荀子言論作《禮書》，荀子認爲禮的主要內容是養人之欲，強調禮是衡量一切的最高標準，是「人道之極」。認爲禮對人性有異化和矯飾作用，他說：「人無禮則不生，事無禮則不成，國家無禮則不寧」。從「禮」到「樂」，樂不僅本身具有和諧性，且被賦予一種道德屬性。中國關於樂的論著，是研究樂的本源，樂的美感，樂的社會作用，樂和禮的關係等等。

律呂爲古時正音之器，相傳黃帝時伶倫截竹爲筒，以筒之長

短，分音之高下，陰陽各六，陽爲律，陰爲呂。十二律呂與天象相關聯，均佈於節氣有六律六均（《說文》）。《曆書》所表述的四時迭遞，日月星辰運轉，是自然界有節奏，有規律的變化，以律呂象之。

律呂萬法所出，故法令謂之律（《正韻》）。軍法謂之律，《易·師卦》云：「師出以律」。古時軍出皆聽律聲，《史記·律書》云：「王者制事立法，物度軌則，壹稟於六律，六律爲萬事根本焉。」「其於兵械尤所重，故云：望敵知吉凶，聞聲效勝負。百王不易之道也。」《律書》所述，肯定六律爲萬事之根本，那麼將六律與宇宙法則放在同等地位。在軍事上尤爲重視音律，樂聲相應兵家勝利或失敗，這是音律在軍事上的效應。

古人對於樂的理解是：「樂者心之動也，樂者德之華也。」「苟無其德，不敢自作樂，得道之人可以言樂。」「審音以知樂，審樂以知政。」「五音天音也。八聲天化也。」「音由心，音感於物，治世之音安以樂，亂世之音怨以怒，亡國之音其民困。」中國傳統樂的觀念，注重人與自然的統一和交流，注重樂與情感，以及倫理的結合和滲透。那麼十二律呂是天地萬物和人的溝通，是宇宙和諧之體現。宇宙萬象，賾然紛呈，然處處皆有機體統一之跡可尋。形成本體，存在、生命彼是相因，交融互攝，旁通流貫之廣大和諧系統。十二律呂即其體現之一端。

二、十二律呂的陰陽結構

以陰陽消息變化，象徵天地造化運行，十二月配以十二卦，稱作月卦，又稱辟卦。創始於孟喜，宏於焦贛、京房。而虞翻以

此解易。其後孔穎達、程子、朱子、來知德悉引用之。後漢魏伯陽著《周易參同契》，又以十二辟卦配置十二律呂。

　　朔旦爲䷗復，陽氣始通，出入無疾，立表微剛，黃鐘建子，兆乃滋彰，播施柔暖，黎烝得常。

　　䷒臨爐施條，開路生光，光耀漸進，日以益長，丑之大呂，結正低昂。

　　仰以成䷊泰，剛柔並隆，陰陽交接，小往大來，輻輳於寅，運而趨時。

　　漸歷䷡大壯，俠列叩門，榆莢墮落，還歸本根，刑德相負，晝夜始分。

　　䷪夬陰以退，陽升而前，洗濯羽翮，振索宿塵。

　　䷀乾健盛明，廣被四鄰，陽終於巳，中而相干。

　　䷫姤始紀緒，履霜最先，井底寒泉，午爲蕤賓，賓服於陰，陰爲主人。

　　䷠遯世去位，收斂其精，懷德俟時，棲遲昧冥。

　　䷋否塞不通，萌者不生，陰伸陽屈，沒陽姓名。

　　䷓觀其權量，察仲秋情，任蓄微稚，老枯復榮，薺麥芽蘗，因冒以生。

　　䷖剝爛肢體，消滅其形，化氣既端，亡失至神。

　　道窮則反，歸乎䷁坤元，恒順地理，承天布宣，玄幽遠眇，隔閡相連，應度育種，陰陽之原，寥廓恍惚，莫知其端，先迷失軌，後爲主君。

無平不陂，道之自然，變易更盛，消息相因，終坤始復，如循連環，帝王承御，千載常存。

一年十二月，十二卦分布此十二月。即復卦分布十一月，臨卦分布十二月，………坤卦分布十月，往復循環。以復卦言之，卦體是 ䷗ 表示一陽生。「立表微剛」，「微剛」指一陽生時陽氣的狀態，值得注意的是「立表」，古代曆法，是以冬至爲一個天文年度的起算點，冬至的時刻確定得準不準，關係到全年節氣計算得準不準，「立表」指圭表，圭表可以測定冬至所在的日子。「兆乃滋彰」言一陽生之陽氣開始滋益而彰著。「黎烝」指民，此時民將得融和之常候。

古代十二月的分劃，以天象爲根據，因此據有堅實的科學基礎。十二月的分劃，是以斗星之柄在初昏時刻所指的方向確定的，《史記・曆書》云：「隨斗柄所指建十二月」即是此意。斗柄的指向，又是季節的標誌，《鶡冠子》云：「斗柄東指，天下皆春，斗柄南指，天下皆夏，斗柄西指，天下皆秋，斗柄北指，天下皆冬。」「春秋戰國時期，又將斗柄指向與十二辰相配，形成時空觀念，即周天以十二方位區分之，加以十二辰之名。斗柄指向是時間，十二辰是空間。

古代一些觀念的形成，現代人考察，一般得之於文獻。而無文獻載明者，往往不可考。如郭沫若《甲骨文字研究・釋支干》云：「二十八宿自當後起，其房心爲蝎之分化，氐亢爲天秤之分化，甚顯而易見。其制並不甚古，單獨之星名於古雖已散見，然其構成爲月躔之系統者，當在春秋以後。」「余意二十八宿之形成，即當在甘、石二氏時代。」甘、石二氏均紀元前四世紀人物。夏鼐就二十八宿體系的形成，作過綜合研究，結論是：二十八宿

體系成立的年代，就文獻而言，最早是戰國中期，即紀元前四世紀（《從宣化遼墓的星圖論二十八宿和黃道十二宮》，載《考古學報》1976 年，第 2 期）。郭、夏二位學者的研究，二十八宿體系的形成，年代一致。但 1990 年第 6 期《新華文摘》載文：《中國二十八宿體系建於公元前 3000 年》（p 205），推翻了上述結論。今將全文錄之如下：

中國古人把依古天球黃，赤道帶分布的二十八宿析為四陸（也叫四宮），它與四靈相配，分別為東宮蒼龍，西宮白虎，南宮朱雀，北宮玄武，每陸各轄七宿。去年，在河南濮陽西水坡一座仰韶文化墓葬（45 號墓）中，在墓主人骨架的左右兩側發現用蚌殼擺塑的龍虎圖案，它直接涉及中國二十八宿的起源問題。由於文獻記載的不足，使得中國二十八宿體系的確立最早只能上溯到公元前 8 — 6 世紀。經考證，45 號墓中龍虎圖案與東西二陸及北斗的真實星圖的位置關係是完全一致的。又據 [14]C 測定年代數據表明，二十八宿體系中的斗宿（意即「日短至」）同 45 號墓北斗與分日結合的寓意相同。竺可楨先生曾對二十八宿與天球赤道的最佳會合年代做過計算，結果當公元前 4510 — 2370 年間最多，這個年代範圍與 45 號墓的時代恰好相當。由此認為，公元前 4000 年代是中國二十八宿體系的濫觴期。由於二十八宿分別分布在黃道帶、赤道帶，因此，二十八宿於黃、赤帶平分的年代應該是這個體系建立的理想年代，時間約在公元前 3000 年。（據《文物》1990 年第 3 期馮時文）

二十八宿或稱二十八舍，最初是古人就比較日、月、五星運動而選擇的二十八個星，作為觀測時的標誌。「宿」或「舍」有停留的意思。二十八宿從角宿開始，自西向東排列與日、月視運

動的方向相同。二十八宿在創立之初是沿赤道分布的，計算表明，二十八宿與天球赤道相吻合的年代距今約五千年。一個體系的形成，是應根據天文數字的測定，而不是二十八宿全部星名在文獻中的記載。也許這是題外的話，上面引文旨在說明文獻之無徵，而在若干年後地下文物發現之有徵。現在回到本題，古天文學，古曆法形成斗柄建月系統，但以律呂建月，只見於魏伯陽《周易參同契》，而於古無徵。雖然如此，但從古代觀念考察，律呂是古人認識宇宙和諧的一個重要手段，或者說是認識宇宙的一個前提。律呂和天體變化相應，在當時時代背景下被視為天經地義，而且離開了這些假定或前提，當時的人甚至不知道如何去進行思考或研究。

十二卦體即是律呂的陰陽結構，從斗柄見月，而相應律呂建月，以對應天體運動，宇宙規律，以及人體能量流之運行，這是古人一大創建。但從文獻資料，我們只能讀到魏氏之作。

天體運轉，魏氏認為「循據璇璣，升降上下，周流六爻，難可察覩，故無常位。」那麼，其相對應之十二律呂也變動不居。但另一方面，律呂表示宇宙運動之和諧，美珠謂之璿，以美珠有規律的運動（「循據璇璣」），以象天地運轉，正是一種和諧狀態。

三、構造古太極圖

十二律呂相生的「三分損益法」見於《呂氏春秋・音律》：

黃鐘生林鐘，林鐘生太蔟，太蔟生南呂，南呂生姑洗，姑洗生應鐘，應鐘生蕤賓，蕤賓生大呂，大呂生夷則，夷則生夾鐘，

夾鐘生無射，無射生仲呂。三分所生，益之一分以上生。
三分所生，去其一分以下生。黃鐘、大呂、太蔟、夾鐘、
姑洗、仲呂、蕤賓爲上，林鐘、夷則、南呂、無射、應鐘
爲下。

即把已知音律數（律管的長度）分爲三等分，「益之一分」
即：

$$已知音律數 \times \frac{4}{3} \quad 爲「上生」。$$

「去其一分」即：

$$已知音律數 \times \frac{2}{3} \quad 爲「下生」。$$

此關係圖示之爲：

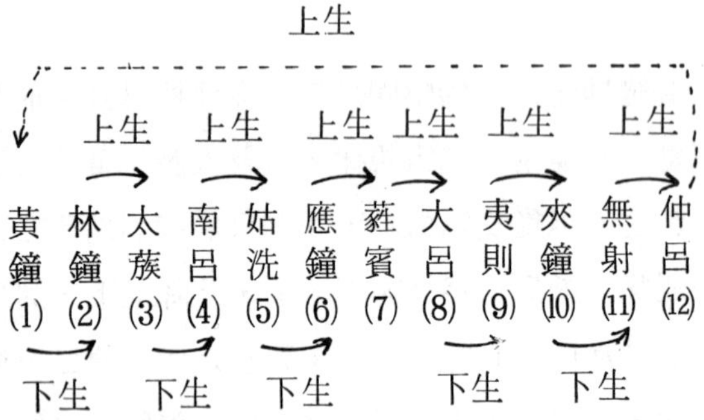

按《漢書・律曆志》上下生次序爲：

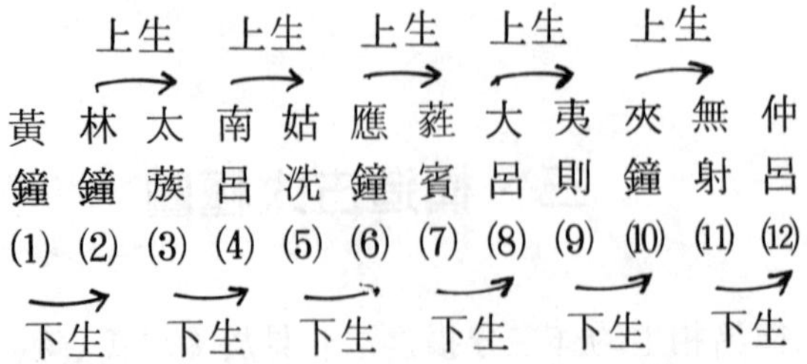

其云：「陰陽相生，自黃鐘始，而左旋，八八爲伍。」伍，耦也。

沈括《夢溪筆談・樂律一》批評《漢書》說：「八八爲伍者，謂

一上生與一下生相間，如此則自大呂以後，律數皆差，須自蕤賓再上生，方得本數，此八八爲伍之誤也。」我們說從文獻比較研究，先秦重要典籍《呂氏春秋》成書於公元前 247 年，《漢書》成書於公元 92 年，兩文獻先後相差 339 年，而後者不如前者精審。先秦的數學哲學思想被漢之陰陽思想所代替，同爲陰陽思想，但先秦和兩漢其內涵截然不同。先秦是中國古文化的黃金時代，至漢陰陽思想被僵化爲一種機械模式，違反了自然變化原理。故《漢書・律曆志》之音律計算，甚誤之。

　　將《呂氏春秋》之「三分損益法」計算數值如下（設黃鐘音律數爲 1）：

黃鐘(1)　　　1

　↓下生

林鐘(2)　　　$1 \times \dfrac{2}{3} \approx 0.6667$

　↓上生

太蔟(3)　　　$\dfrac{2}{3} \times \dfrac{4}{3} = \dfrac{2^3}{3^2} \approx 0.8889$

　↓下生

南呂(4)　　　$\dfrac{2^3}{3^2} \times \dfrac{2}{3} = \dfrac{2^4}{3^3} \approx 0.5926$

　↓上生

姑洗(5)　　　$\dfrac{2^4}{3^3} \times \dfrac{4}{3} = \dfrac{2^6}{3^4} \approx 0.7901$

　↓下生

應鐘(6)　　　$\dfrac{2^6}{3^4} \times \dfrac{2}{3} = \dfrac{2^7}{3^5} \approx 0.5267$

　↓上生

蕤賓(7)　　　$\dfrac{2^7}{3^5} \times \dfrac{4}{3} = \dfrac{2^9}{3^6} \approx 0.7023$

　↓上生

大呂(8)　　　$\dfrac{2^9}{3^6} \times \dfrac{4}{3} = \dfrac{2^{11}}{3^7} \approx 0.9364$

↓下生

夷則(9)　$\dfrac{2^{11}}{3^7} \times \dfrac{2}{3} = \dfrac{2^{12}}{3^8} \approx 0.6243$

↓上生

夾鐘(10)　$\dfrac{2^{12}}{3^8} \times \dfrac{4}{3} = \dfrac{2^{14}}{3^9} \approx 0.8324$

↓下生

無射(11)　$\dfrac{2^{14}}{3^9} \times \dfrac{2}{3} = \dfrac{2^{15}}{3^{10}} \approx 0.5549$

↓上生

仲呂(12)　$\dfrac{2^{15}}{3^{10}} \times \dfrac{4}{3} = \dfrac{2^{17}}{3^{11}} \approx 0.7399$

而按《漢書》上生下生相間計算，則：

仲呂(12)　　為　$\dfrac{2^{16}}{3^{11}} \approx 0.369952638$

仲呂上生黃鐘，即「返囘本數」：

	仲呂　　　黃鐘
《呂氏春秋》	$\dfrac{2^{17}}{3^{11}} \xrightarrow{\text{上生}} \dfrac{2^{19}}{3^{12}} \approx 0.986540$
《漢書》	$\dfrac{2^{16}}{3^{11}} \xrightarrow{\text{上生}} \dfrac{2^{18}}{3^{12}} \approx 0.493210$

即按《呂氏春秋》計算：$0.986540 \approx 1$。

「律呂」與「音律數」二者排序比較如下表：

律呂	黃鐘(1)	林鐘(2)	太蔟(3)	南呂(4)……仲呂(12)
音律數	1	0.6667	0.8889	0.5926……0.7399

音律數	1	0.9364	0.8889	0.8324	……0.5267
律　呂	黃鐘(1)	大呂(8)	太蔟(3)	夾鐘(10)	……應鐘(6)

　　比較說明：律呂的有序對應音律數的無序，音律數的有序（從小到大或從大到小）對應律呂的無序。那麼，如何使二者統一在一種模式中，而達到和諧一致？我們用圖論的方法，使二者排序按不同路徑而構造之。這裏只給出模式和方法，路徑決定於律呂及音律數本身規律。音律數按數值次序排列在圓周上，律呂排序，即黃鐘生林鐘，林鐘生太蔟，太蔟生南呂，………無射生仲

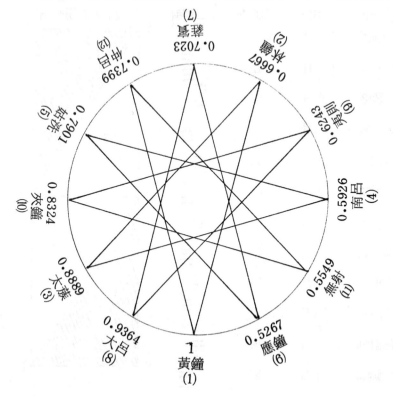

呂，而最後又仲呂返回黃鐘，其序號爲(1)(2)(3)(4)(5)(6)(7)(8)(9)(10)(11)(12)(1)，走圓之弦線，這樣得出一張圓圖（參照 35 頁圖 ）。 這是對稱、和諧、美的一種表現形式。或者說自然的物質規律和數學表現形式，二者就是一種和諧和完美。我們驚奇於古人的一種思維方法，和其創造的非機械式的「三分損益法」。先秦的數學哲學思想，足夠使現代人用數學方法去分析。

　　進一步分析，音律數將律呂「拋」在圓周上，或者說律呂按音律數重新排列，使其與十二月，十二時辰，以及十二辟卦相對應。十二辟卦陰陽變化是離散值，這裏使其連續化。繪製如下圖表：

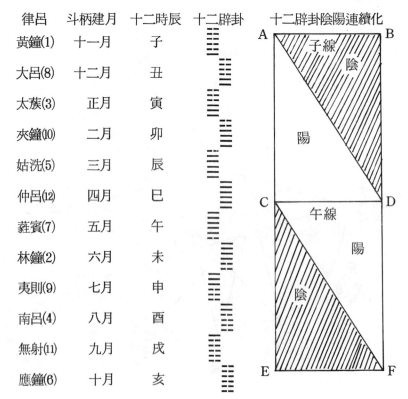

律呂	斗柄建月	十二時辰	十二辟卦	十二辟卦陰陽連續化
黃鐘(1)	十一月	子		
大呂(8)	十二月	丑		
太蔟(3)	正月	寅		
夾鐘(10)	二月	卯		
姑洗(5)	三月	辰		
仲呂(12)	四月	巳		
蕤賓(7)	五月	午		
林鐘(2)	六月	未		
夷則(9)	七月	申		
南呂(4)	八月	酉		
無射(11)	九月	戌		
應鐘(6)	十月	亥		

　　此十二辟卦陰陽連續化圖形，頂點標以Ａ、Ｂ、Ｃ、Ｄ、Ｅ、Ｆ。ＡＢ線定義爲子線，ＣＤ線定義爲午線，因其各與時辰子、午相對應。將此圖拓撲變換，即設此圖繪製在一張橡皮膜上，頂點Ａ、Ｂ、Ｃ、Ｄ、Ｅ、Ｆ及連線ＡＢ、ＣＤ、ＣＦ……等相互關係不變，而拉屈變形，成下列圖形：

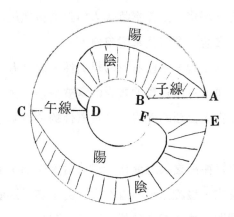

　　繼續拓撲變換，ＡＢ線與ＥＦ線重合，Ｄ、Ｂ、Ｆ頂點重合爲圓心一點，Ａ對應時辰子，Ｃ對應時辰午，在圖中直接標出，成下圖：

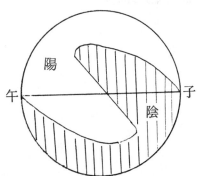

這是古太極圖的雛型。

我的結論是：

㈠《呂氏春秋》的律呂數值，標誌先秦時代的數學水平。《漢書》陰陽相間之說，是將陰陽變化機械化，是對陰陽的認識，從深層次，跳到表面層次。

㈡陰陽及其變化，是先秦時代人類認識自然規律的高度抽象，漢以後的陰陽之說，多有強牽附會處。

㈢先秦陰陽之說，不僅有質的規定性，而且有數學運算即量的規定性。然而這一極珍貴的數學財富被淹沒、失傳。

㈣律呂和古太極圖的關聯，其實質性的論證不如啓發性更有價值。

㈤假如說以律呂之陰陽變化，構造古太極圖，不如說是以古太極圖一般模式，驗證律呂的自然之變更確切。那麼，研究古太極圖的起源問題，或者說「破譯」，正在開始。

㈥古太極圖是一般模式。是天文圖、是地球運轉圖，是人的大腦結構圖，是道家修煉圖，是信息圖，是………。一句話，它凝聚著人類多方面的知識和智能。

河 圖 初 釋

一、河圖是河漢之圖

　　在數學上，一般認為條條道路都囬到希臘。如無窮小這個概念的演變過程，地點在西歐，時間在十七、八世紀，但這一概念的起源，却在古希臘伯拉圖時代。無限的問題和無理數問題，也出於希臘之土。然而問題遠非如此單一，以無限概念而言，僅舉中國古代的惠施為例。惠施約生於公元前 365 年，與莊子在大梁論學約在公元前 334 年，可惜其著述全部散失。《莊子・天下篇》記惠施的「歷物之意」曰：「至大無外，謂之大一，至小無內，謂之小一。」是說萬物之至大至小都是無限的，即現代的無窮大，無窮小概念。這是中國本土哲學。

　　其次談到數字問題，對數字的崇拜至希臘畢達哥拉斯學派的哲學中得到最高表現。他們認為偶數是可以分解的，是陰性的，是屬於地上的。奇數是不可分解的，是陽性的，屬於天上的。又每一個數，都與人的某種性質相合。但世界另一大區域中國，其產生「河圖」與「洛書」，不僅是對數字崇拜問題，而本身就包含著數學內容，包含著離散值及連續無窮值的概念。奇怪的是在〔美〕T．丹齊克的著作中，對中國的「洛書」，僅僅看作神話。他說：「奇怪得很，我們在中國的神話裏，找到與這十分一致的

情形。中國的奇數象徵：白，晝，熱，日，火；偶數反過來，象徵黑、夜、冷、物、水、地。用數字排成一個聖圖，叫作《洛書》，如果用適當的方法使用它，就會有神奇的性質。」我們不能怪外國學者粗淺之見，只怪國人宣揚中國古文化太少。華羅庚曾設想，用河圖、洛書與地球外高級生命交流信息，這是一位現代數學家，對河圖、洛書的重視，筆者極尊重這一見解。

　　進一步比較古代世界各大區域對數字的觀念。古希臘是以圓點代表數的，且數的運算是依直覺觀念。畢達哥拉斯認為任一級的平方數，是其同級的三角形數和它的前一級的三角形數之和。即三角形數，是這一學派的基本體，這一基本體，僅限於數學觀念。假如河圖也看作基本體，却抽象為宇宙模式。

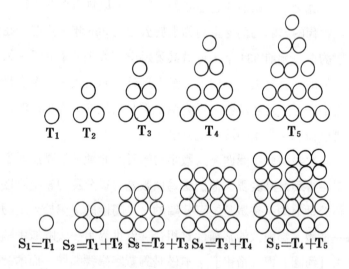

T_1　　T_2　　T_3　　T_4　　T_5

$S_1=T_1$　$S_2=T_1+T_2$　$S_3=T_2+T_3$　$S_4=T_3+T_4$　$S_5=T_4+T_5$

　　巴比倫人在公元前三世紀已較頻繁地用數學方法記載和研究天文現象。而在公元前 1800 年～前 1600 年間已使用較系統的以 60 為基數的數系，但其表示數，是用楔形文字：

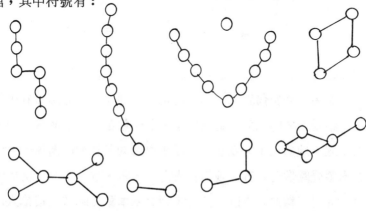

　　我們再提到瑪雅文化。對於瑪雅數學的瞭解主要來自一些殘剩的瑪雅時代的石刻，對這些石刻上象形文字的釋讀表明，其記數符號，如 1 — 9 ，記爲：

●　●●　●●●　●●●●　—　•—　••—　•••—　••••—

這與中國古代籌算法極其相似。籌算在中國起源很早。

　　世界各大文化區，記數及其符號大致相同，又與天文星象符號趨於一致。十四世紀以前的星圖，只有中國保存下來。三國時代，吳國陳卓在公元 270 左右將甘德、石申、巫咸三家所觀測的恒星，用不同方式繪在同一圖上，有星 1464 顆。此星圖雖已失傳，但從絹製敦煌星圖上可知其大概。此敦煌古星圖現藏英國倫敦博物館，其中符號有：

又如蘇頌《新儀象法要》中所附的星圖，雖是宋代星圖，但我們可以讀到在宋以前那遙遠的古代，關於星空的信息。其中附號有：

又如蘇頌《新儀象法要》中所附的星圖，雖是宋代星圖，但我們可以讀到在宋以前那遙遠的古代，關於星空的信息。其中附號有：

那麼古代數字符號與天文符號又發生了聯繫。這裏提出兩個問題：

第一：象覺和計數。

第二：典範。

Ｔ．丹齊克說：「人類在進化的蒙昧時期，就已經具有一種才能，這種才能，因爲沒有更恰當的名字，我姑且叫它爲數覺。由於人有了這種才能，當在一個小的集合內，增加或者減去一樣東西的時候，儘管他未嘗直接知道增減，他也能夠辨認到其中有所變化。」我聯想到中國商周時代能夠「觀象制器」。主要是「觀象」，天象也是象，如長期觀察星象排列，直覺爲：

或

這種圖像，我姑名爲「象覺」圖像，它是思維的標記。

如果以奇數代表天，偶數代表地，則如圖：（圖參看次頁）這是象覺圖像的抽象。這種抽象，已經包含著數字運算，即天數二十五、地數三十。我想這可能是河圖的最初形成過程。天地之基本象覺圖像各爲五，或與古人之金、木、水、火、土構成宇宙萬物的這五種原質有關。且上半圖之基本象覺圖像直接給人以奇

數的感覺，下半圖之基本象覺圖像直接給人以偶數的感覺。當然
這只是推理一途，此古圖之原始含義，難能搞清楚。如以「一言
以蔽之」未免武斷，而不作推論，在於古無徵的情況下，又如何
去理解古人？

　　第二，是以學術史觀點研究問題。庫恩在其名著《科學革命
的結構》一書中，提出一個極重要的中心觀念：典範。余英時教
授解釋說：

　　典範可以有廣狹二義：廣義的典範，指一門科學研究中的
　　全套信仰、價值和技術，因此又可稱為學科的型範。狹義
　　的典範，是指一門科學在常態情形下，所共同尊奉的楷模。
　　這個狹義的典範，也是學科的型範中的一個組成部分，但
　　却是最重要、最中心的部分。

又說：

典範不僅指示科學家的解決疑難問題的具體方式，並且在
很大程度上提供科學家以選擇問題的標準。

亞里士多德的物理學、牛頓原理、哥白尼天文學、弗洛伊得心理
學，都起著典範的作用。而另一方面留下了許多新問題，讓後來
人可以繼續研究下去。

中國古文化中的河圖、洛書是否起典範作用，值得考慮，但
河圖、洛書已包括了漫長的中國古代歷史時期的一種信仰和價值，
而且給後人留下了許多疑問，研究者歷久不衰，就其內涵，不得
不弄清楚。

古代人類首先研究自身，種族的繁衍，是一個極其重大問題，
性行為是極其嚴肅的事。《易·繫辭》曰：「夫乾，其靜也專，
其動也直，是以大生焉。夫坤，其靜也翕，其動也闢，是以廣生
焉。」乾、坤是男女性器官，專、直、翕、闢是狀態詞。其形象
若此，這是最初形成陰陽觀念。以此投向宇宙，宇宙分陰、分陽。
數字的產生，較之文字更為古老，數字作為符號表象，較之以文
字表意，也更為古老。河圖正是古人的一種數字或符號表象圖，
即宇宙形成，宇宙構造以河圖為典範。

將天地之數的象覺圖像重新排列，以●為陰，以○為陽，大
陰大陽是十與五數字，使其居中，周圍排列一、二、三、四、六
、七、八、九，不妨假設如圖：（圖見次頁）宇宙永恒不變的思
想，在西方，在康德以前的時代起主導作用。在中國古文化中，
如《周易》、《老子》、《莊子》諸書中主張宇宙是變化的。三
國時代的楊泉在《物理論》中曰：

氣發而升，精華上浮，宛轉隨流，名曰之天河，一曰雲漢，
眾星出焉。

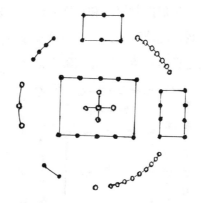

　　這種觀點同康德主張的星體由氣雲收縮而成，是十分相似的。可惜這些思想、只停留在哲理性階段，沒有發展成系統的科學理論。但從另一角度考慮，哲學和數學哲學更具有一般性和抽象性，這或許是古人宇宙演化觀點的價值所在。

　　中國古文化傳統觀念，運動變化的機制是陰和陽，陰陽交錯形成生命和運動。《周易》言有數而後有象，有象而後有形。以奇偶兩數的排列和組合，說明天地萬物的形成，即宇宙構成是以數為本。伽里略名言：「哲學寫在這部宏偉的書（我指的是宇宙）中，這部書一直翻開在我們面前，可是我們不能理解它，除非我們首先學會了解其中所寫的語言和說明其中所寫的符號。這本書是用數學語言寫的，而它的符號是三角形，圓，以及其他幾何圖形，沒有這些圖形，人就不可理解這部書中的一個單詞。」伽里略意為人類要洞察宇宙基本結構，就在於掌握宇宙中的數學真理。這個信念，在西方科學思想史上，被稱為「宇宙的和諧」。「宇宙的和諧」，在科學和哲學中，是指自然界存在和數的巧合。追求這個和諧，或者說探索和尋找自然界的結構和規律的「一致性」

和「簡單性」，是無數哲學家和科學家的一種鮮明傾向。

　　中國古代數作爲符號：第一性質是順序性，第二性質是對稱性，第三性質是陰陽相錯。以此探索宇宙結構，而形成河圖：

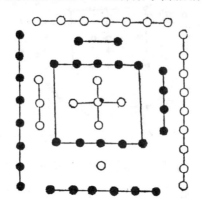

此圖表現爲：

　　㈠順序性——一、三、七、九爲陽之序，二、四、六、八爲陰之序。

　　㈡陰陽相錯——即一，六；三，八；二，七；四，九兩兩相錯。

　　㈢對稱性——外環陰六陽七對稱，陰八陽九對稱。內環陽三陰四對稱，陽一陰二對稱。

明來知德曰：「雖曰，一六在下，二七在上，其實皆陽上而陰下。雖曰，三八在左，四九在右，其實皆陰左而陽右。雖曰，以五生數統五成數，其實皆生數在內，而成數在外。雖曰，陰陽皆自內達外，其實陽奇一三七九，陰耦二四六八，皆自微而轉盛。彼欲分裂某幾點置之某處，而更亂之，蓋即此太極河圖觀之哉。但陰陽左右，雖旋轉無定在也。而拘拘執河圖虛中五十無位之說，是又不知陰陽合於中心，而土本天地之中氣也。」來氏研究河圖的結果認爲河圖是數的嚴格排列，排列爲旋轉模式。以此模式觀

之，陽上而陰下；陰左而陽右；生數在內，成數在外；陽奇一三七九，陰耦二四六八皆從小到大。數一一定位，遵守上下，左右，內外以及數序的法則，以表示天地氣之運行。

　　來氏分析是極其明細的，此一大膽推理，揭開了先秦時代隱藏於河圖中的秘義。古人觀象，由象覺而數，宇宙和諧體現爲數的順序、陰陽和對稱。層層思維，繪製河圖。它像一首朦朧詩，由來氏來釋義。來氏以其說，繪製河圖，名曰太極河圖：

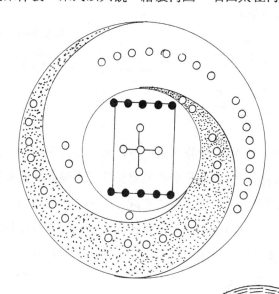

　　　　數是離散值，來氏進一步將此離散值連續化，於是脫離了上下、左右、內外的數的位置觀念，即數「雖旋轉無定在也」。河圖深化爲宇宙之氣的連續圖形，來氏繪製河圖連續圖如右：

　　這裏讓我們引進康德（1724—1804）的星雲說，康德認爲太陽系是由氣雲形成的，氣雲原來很大，由自身引力而收縮，最後聚集成行星，衞星，以及太陽。拉普拉斯（1749—1827）進一步證明在萬有引力作用的體系中，氣雲收縮，角動量是不變的。只要初始的氣雲，具有角動量，收縮以後，它就會形成具有一定方向旋轉的盤狀結構的天體系統：

收縮的氣雲

盤狀旋轉結構

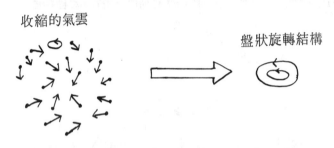

　　1785年，**F.W.** 赫歇耳第一個研究了銀河系結構，他用恒星計數方法得出銀河系恒星分布爲扁盤狀，太陽位於盤面的中心。1918年，沙普利研究球狀星團的空間分布，發現太陽的位置並不在銀河系的中心。銀盤中間厚，外邊薄，中間部分稱作核球，核球是恒星密集區域。太陽在銀河系內位於獵戶臂附近。銀河系示意圖（俯視）如下：

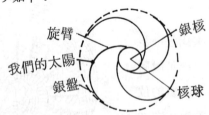

旋臂　　　　銀核

我們的太陽

銀盤　　　　核球

　　許多河外星系稱爲旋渦星系，就是因爲它們都是盤狀結構，類似於銀河系。

　　來知德繪製河圖連續圖，見於《易經來註圖解》一書，此書最初刊刻於萬曆二十九年（1602）。經典力學的奠基人牛頓生活的年代是 1642 — 1727 年間，康德，拉普拉斯的星雲說在此以後。來氏圖和基於經典力學的現代銀河系圖，以及更大的體系旋渦星系圖極其相似。或者說後者是前者的複製。來氏對易的解釋云：「乾坤者萬物之男女也，男女者一物之乾坤也……乾坤男女相為對待，氣行乎其間，有往有來，有進有退，有常有變，……此易所由名也。盈天地間，莫非男女，則盈天地間莫非易也。」來氏提出氣和陰陽，用「易」一字概括。氣廣泛指為物質，陰陽則是物質運動的機制。來氏對易的解釋是哲學的，與現代數學的嚴密推導和科學觀測的現代科學無關。但也正由於此，來氏將古河圖所內涵信息，傳遞到現代：河圖是銀河系統圖，是河漢之圖。和諧的宇宙象覺觀念，其一般性、抽象性，較之實證的現代科學，有別一種意義在。

　　「釋義學」可以廣泛地定義為對於意義的理解和解釋的理論或哲學。「釋義學」一詞，最早出現在古希臘文中，它的詞根是**Hermes**。**Hermes** 是古希臘神話中專司向人傳遞諸神信息的使者，使諸神的意旨變得可知而有意義。來氏正是將塵封的河圖，放射出異彩，使此象覺圖像，變得可以理解。文獻和典籍需要訓詁，來氏訓詁的方法，是將「神」的意旨，即一種信息符號，放在整個《易經》產生的大時代中去考察。所以不失其為真。河圖是河漢之圖。

二、河圖宇宙結構體系

　　來氏以氣和陰陽的觀念，將離散的十個數符號的河圖連續化，構造河漢之圖。由於來氏不具有現代天文學、經典力學以及現代數學知識，所以對河圖的釋義，較之現代人有先入之見者，毫無牽強附會處，筆者指出這一點，很重要。

　　其次，有兩種宇宙概念，一種是自然科學的宇宙概念，一種是哲學的宇宙概念，前者指一定時代觀測所及的整個天體系統，後者不是指具體的某一對象，而是滲透於所有這些對象中的某共同性或總體。哲學思維與科學思維，哲學方法與科學方法，並不能作簡單的類比。來氏以象覺圖像和哲學解釋河圖，是廣義的，既是銀河系統圖，又是更大的河外星系圖，其意義不在具體的宇宙結構，而是給出一般模式。此模式不僅上溯往古，也面向未來。

　　其三，現代人對於天文的觀念，除專業者外，一般來說是淡漠了。時代愈古遠，天文觀念愈切。顧炎武《日知錄》云：「三代以上，人人皆知天文。七月流火，農夫之辭也，三星在天，婦人之語也，月離於畢，戍卒之作也，龍尾伏晨，兒童之謠也。後世文人學士有問之而茫然不知者矣。」河圖產生的時代，也正是人們極重視天文的時代，是以符號表象，表意的時代，古河圖的產生，勢所必然。

　　按易學歷史，有漢易、宋易。宋代之陳摶、劉牧、邵雍、及朱熹，很重視易圖的研究。或自創、或師承、或稽之於古。易圖或稱無文字之易，對河圖、洛書的研究，形成易學研究史上獨樹一幟的圖書之學。但至清初，王夫之、黃宗羲、黃宗炎、毛奇齡等很多著名學者，皆對河圖、洛書的可信性提出疑問。黃宗炎云：「周易未經秦火，不應獨禁其圖，轉為道家藏匿二千年，至陳摶而始出。」認為河圖、洛書及先天諸圖，乃宋人據《繫辭》及《

乾鑿度》等所臆造。

　　一九七七年春，在阜陽縣雙古堆發掘了西漢汝陰侯墓，在出土文物中，有一「太乙九宮占盤」。一九七八年第八期《文物》簡報說：「太乙九宮占盤的正面是按八卦和五行屬性排列的，九宮的名稱和各宮節氣的日數與《靈樞經·九宮八風篇》篇首的圖完全一致，小圓盤的刻劃則與河圖、洛書完全符合。」此證明在漢初或先秦，已有河圖、洛書。否定了清代學人圖書晚出的見解。上文筆者所論，一種象覺圖像的形成，只能在古代，那是一個沒有文字，或文字草創的時代，這一推論，是附合實際的。

　　宋代易學家關於圖書的討論，茲引朱熹答袁機仲書：

　　　　熹竊爲生於今世而讀古人之書，所以能別其真偽者，一則以義理之所當否而知之，二則以其左驗之異同而質之，未有捨此兩塗而能直以臆度懸斷者也。熹於世傳河圖洛書之舊，所以不敢不信者，正以其義理不悖，而驗證不差爾。來教必以爲偽，則未見有以指其義理之謬，證驗之差也。

　　　　而直欲以臆度懸斷之，此熹所以未敢曲從而不得不辨也。圖書創自往古，以窮造化之奧秘，至宋代有陳邵及朱始顯於世。下面紹介與圖書相關的朱子宇宙構造學說。

　　日本學者山田慶兒專攻自然科學史，有《通向未來的問題》、《走向混沌之海》、《朱子的自然哲學》、《授時曆之道》等著述。在《空間·分類·範疇》一文中，論及朱子宇宙構造。他說：「據完成了渾天宇宙論的南宋朱熹說，最初在宇宙中充滿了連續性的物質而同時又是能的一種氣。他把這個原始狀態叫做混沌未分，並且預先假定這種氣整體性地旋轉，當旋轉的速度逐漸增大以後，由於摩擦，產生重濁的渣滓，集結於中心而形成地，剩下

的輕清的氣便形成了天，在地的周圍旋轉。由於氣快速地進行旋轉，便產生了剛性，因此，地被支撐在宇宙的中心。」山田慶兒據此繪製朱子宇宙構造矢量場：

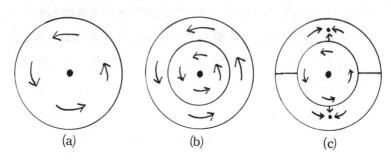

(a)　(b)　(c)

(a)、整體旋轉的矢量場，即渾沌。

(b)、同心圓構造，空間內外區分。

(c)、外部空間分為兩部分，且矢量場支撐著內部的地。

山田慶兒對中國古代宇宙演變論的這一普遍性主題，認為有兩種互異的哲學表現。其一是易學的；其二是老子和莊子的。其宇宙構造圖式為：

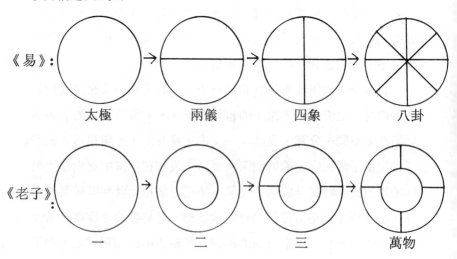

《易》：　太極　→　兩儀　→　四象　→　八卦

《老子》：　一　→　二　→　三　→　萬物

山田慶兒云：「道生一的道是無，可以說是從無生有，一生二不是把空間分割爲上下，而是分割爲內外，二生三則是把外部空間分割爲上下。外部空間再行分割遂產生萬物，但內部空間總是單一的，原封不動的。」筆者認爲，《老子》宇宙論模式的內外分割，屬於河圖體系。朱子宇宙論模式是張衡渾天說的發展；其內外分割是《老子》模式；旋轉矢量的氣及能，是河圖模式。框圖是：

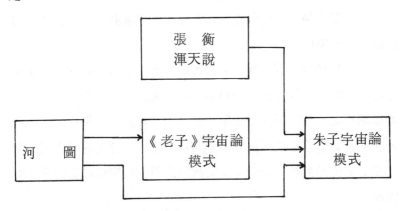

現在再回到康德宇宙演化學的方法論。1755年，三十一歲的康德匿名發表了《宇宙發展史概論》一書，在書中提出太陽系起源和演化的「星雲說」，是人類歷史上第一個科學的天體演化學說。惜湮沒近五十年，直到拉普拉斯「星雲說」問世，才一起受到人們的重視，被稱爲「康德 —— 拉普拉斯星雲說」。康德認爲吸引和排斥是宇宙生成的基礎。由於引力和斥力的相互作用，決定了宇宙各天體之間的相互聯繫，形成了宇宙的有規則結構。康德不僅用引力斥力的結合解釋太陽系的形成，而且用來解釋恒星世界的運動和發展。他把排斥和吸引相互作用所引起的運動，叫做「自然界的永恒生命」。康德自豪地說：「我憑藉小小的一點

猜測，作了一次冒險的旅行，而且已經看到了新大陸的邊緣，勇於探索的人將登上這個新大陸。」

　　天體的起源和演化，是難度很大的基本理論問題。我國著名天文學家戴文賽教授認爲吸引和排斥的含義不只局限於機械的接近和分離，收縮和膨脹。吸收和發射，電離和復合等也都是吸引和排斥的矛盾。太陽的排斥因素，主要是組成太陽的微觀粒子熱運動所產生的氣體壓力；太陽內部產生的輻射對外部產生的輻射壓力；太陽自轉產生的慣性離心力等。戴天賽對排斥觀念所作的闡述是很重要的。

　　吸引和排斥，下述觀念，即戴氏所論；上溯是陰和陽的中國古代易學觀念。河圖給予宇宙的解釋，是陰和陽形形成的宇宙運動結構形式。河圖湮沒二千年，至明，來氏將其連續化，構造旋渦狀拓撲圖形（來氏河圖），等同於康德——拉普拉斯銀河系結構及更大的河外星系結構。筆者統稱之爲河圖宇宙結構體系。框圖如下：

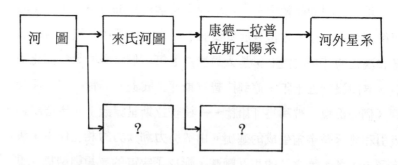

其中有問號的框圖，是未知的，即待探索和研究的領域。

　　上述對河圖的認識，是初步的，也是粗淺的，有待於深化，使之精確與完善。

洛 書 初 探

　　河圖爲體，洛書爲用，即河圖是中國古代宇宙本體論，洛書
是以河圖之本原數字，以爲用。如用於地理方位　兵家佈陣　古
建築等等，今略述之。

一、洛書——數字屬性圖

　　將 n^2 個自然數，按一定關係塡進 n^2 個格子中，呈現陰陽對
稱，奇偶相間 ── 這是數字的一種屬性。一般稱爲縱橫圖，筆者
或稱之爲數字屬性圖。中國先秦時代已經產生了這種運算的數學
方法，在拙著《漫說周易》一書中，對產生這種運算的時代背景
已論及之。這裏僅將如何繪製（略去數學推導）此數字屬性圖，
介紹如下：

　　設 $n = 3$

　　⑴將 $3^2 = 9$ 個方格外加臺階，且將 $3^2 = 9$ 個自然數依主對
　　　角線方向順序塡進格子中。

　　⑵將臺階上的數字移入相距較遠的空格內，即得九宮數字屬
　　　性圖，或簡稱九宮圖。1、3、7、9爲陽，2、4、6、
　　　8爲陰。

橫行、縱列、對角線數字和均為 15 。

	1	
4		2
7	5	3
8		6
	9	

4	9	2
3	5	7
8	1	6

設 n ＝ 5 ，$5^2 ＝ 25$，構造二十五宮圖，方法同上。(1)將 25 個方格，外加臺階，且將 25 個自然數依主對角線方向順序填入格子。(2)將臺階上數字移入較遠的空格，即得二十五宮圖。

11	(24)	7	(20)	3
(4)	12	(25)	8	(16)
17	(5)	13	(21)	9
(10)	18	(1)	14	(22)
23	(6)	19	(2)	15

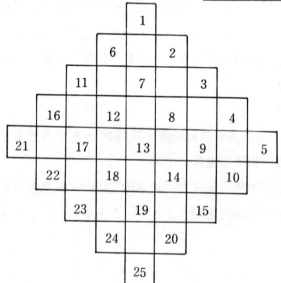

橫行、縱列、對角線數字和，均為 65。

設 n = 7，$7^2 = 49$，將 49 個方格組成的 7 次方陣外加臺階，按主對角線方向順序填上自然數：

```
                  1
              8       2
          15      9       3
      22      16     10      4
  29     23      17     11      5
36     30     24     18     12     6
43  37     31     25     19     13     7
  44     38     32     26     20     14
     45     39     33     27     21
         46     40     34     28
             47     41     35
                 48     42
                     49
```

將臺階上的數字移入較遠的空格內。但臺階上有兩個數字以上者，其相對位置不變，如 1、9；41、49；43、37；13、7。

橫行、縱列、對角線數字和，均為 175。

設 n = 4，$4^2 = 16$，構造十六宮圖。將 16 個方格，依次填

22	(47)	16	(41)	10	(35)	4
(5)	23	(48)	17	(42)	11	(29)
30	(6)	24	(49)	18	(36)	12
(13)	31	(7)	25	(43)	19	(37)
38	(14)	32	(1)	26	(44)	20
(21)	39	(8)	33	(2)	27	(45)
46	(15)	40	(9)	34	(3)	28

入 16 個自然數。中心爲軸，圖形旋轉 180°，但保持對角線上數字 1、16、11、16 及 4、7、10、13 不動 ，即爲十六宮圖：

1	2	3	4
5	6	7	8
9	10	11	12
13	14	15	16

1	(15)	(14)	4
(12)	6	7	(6)
(8)	10	11	(5)
13	(3)	(2)	16

橫行、縱列、對角線上數字和，均爲 34。 設 n ＝ 8 ，$8^2 ＝ 64$，將 64 個自然數順序塡入 64 個方格，稱爲 8 次自然方陣。把 8 次方陣分爲 4 個四次方陣，圖形繞中心旋轉 180° ，但諸對角線上數字保持不動，即得六十四宮圖。

1	2	3	4	5	6	7	8
9	10	11	12	13	14	15	16
17	18	19	20	21	22	23	24
25	26	27	28	29	30	31	32
33	34	35	36	37	38	39	40
41	42	43	44	45	46	47	48
49	50	51	52	53	54	55	56
57	58	59	60	61	62	63	64

1	(63)	(62)	4	5	(59)	(58)	8
(56)	10	11	(53)	(52)	14	15	(49)
(48)	18	19	(45)	(44)	22	23	(41)
35	(39)	(38)	28	29	(35)	(34)	32
33	(31)	(30)	36	37	(27)	(26)	40
(24)	42	43	(21)	(20)	46	47	(17)
(16)	50	51	(13)	(12)	54	55	(9)
57	(1)	(6)	60	61	(3)	(2)	64

橫行、縱列、對角線上數字和，均爲 260。

以上舉例闡明奇次方陣，4 的整倍數的偶數方陣，都有求出

的方法。其他 n ＝ 6、10、14 等非 4 的整倍數的偶數方陣，求
起來比較費事，本書從略。

橫行、縱列、對角線數字和的計算公式為：

$$S_n = \frac{(1+n^2)n}{2}$$

設 n ＝ 3　　　$S_3 = \frac{(1+3^2)3}{2} = 15$

n ＝ 5　　　$S_5 = \frac{(1+5^2)5}{2} = 65$

n ＝ 7　　　$S_7 = \frac{(1+7^2)7}{2} = 175$

n ＝ 4　　　$S_4 = \frac{(1+4^2)4}{2} = 34$

n ＝ 8　　　$S_8 = \frac{(1+8^2)8}{2} = 260$

　　一般認為，如果人類和宇宙間其他有智力的生命體相遇，最
好的聯絡辦法，是用數學作信息媒介。事實上，從柏拉圖時代起，
人們普遍認為數學是不依賴於人類對它的認識而獨立存在的，因
而具有絕對真理的性質。於是數學家的工作就在於發現這種真理。
愛因斯坦在其囬憶錄中曾驚奇幾何學對世界的規定性，中國先秦
時代，洛書數字的組合排列用在地理方位上是陰陽的規定性。洛
書數字自然與先天八卦結合在一起：（見次頁圖）下面將談及洛
書又與六十四卦相結合。

　　一般認為數學的能力來自人類智慧揉合直觀與推理的才能，
可見數學的生機主要來自直觀。當然，在數學的最終成果中，所

有的直觀痕迹通常都被抹去。洛書的構造是一種直觀圖像，在中國傳統文化中，不僅將其直觀形式千變萬化，且將其最大數九，抽象爲一種意識觀念，洛書不僅被抹去直觀痕迹，且越出數學領域。

　　再談一種縱橫圖的結構，十七世紀 **de la Loubere** 的構造方法，5階縱橫圖是：

$$\begin{bmatrix} 17 & 24 & 1 & 8 & 15 \\ 23 & 5 & 7 & 14 & 16 \\ 4 & 6 & 13 & 20 & 22 \\ 10 & 12 & 19 & 21 & 3 \\ 11 & 18 & 25 & 2 & 9 \end{bmatrix}$$

幾年前，明尼阿波利斯的 **T. E. Lobeck** 將此圖形用圓周率 π 加以改造。方法是 5 階縱橫圖中的數字，對應 π 中的位數，然後將 π 中該位的數字，置換縱橫圖中的數字。如數字 1，查得 π 中第 1 位數是 3，以 3 置換 1；如數字 13，查得 π 中第 13 位數是 9，以 9 置換 13。寫出 π 的前 25 位數字：

$$\pi = 3.1415926535897932384 62643$$

　　則置換爲：（參照次頁表）

行的數字和寫在圖的右側，列的數字和寫在圖的下方，令人驚奇的是每個列的和，都對應地等於一個行的和。

　　這種對應關係完全是一種巧合，但巧合中有內在的某種規律

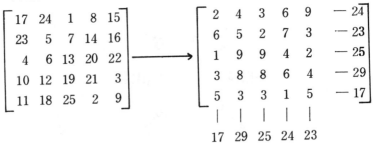

性，我們稱之為「型律」。大自然也展現出各種迷人的型律──原子結構，雪花、旋渦星系、蜂房，都表現出數學和自然規律之間的巧合。

中國古代傳統觀念，認爲氣是構成天地萬物的始基物質。西周伯陽父認爲：「天地之氣，不失其序。」（《國語・周語》）氣是有秩序的存在。春秋時醫和提出：「天有六氣。六氣曰陰陽風雨晦明也。」（《左傳・昭公元年》）明淸之際的王夫之對氣本體論學說概括爲：「凡虛空皆氣也，聚則顯，顯則人謂之有；散則隱，隱則人謂之無。神化者，氣之聚散不測之妙，然而有迹可見；性命者，氣之健順有常之理，主持神化而寓於神化之中，無迹可見………蓋陰陽者氣之二體，動靜者氣之二幾，體同而用異則相感而動，動而成象則靜，動靜之幾，聚散、出人，形不形之從來也。」（《張子正蒙注・太和篇》）王夫之認爲整個宇宙充滿了「氣」，氣只有聚散、往來而沒有增減、生滅。所謂有無虛實等，都是氣的聚散、往來、屈伸的運動形態。更進一層，他強調氣是陰陽變化的實體。現代物理世界的能與場是矢量，古代的氣表示爲陰陽，而實際上，陰陽也是場的觀念。縱橫圖是陰陽的型律（下圖：○表示陽，●表示陰）。

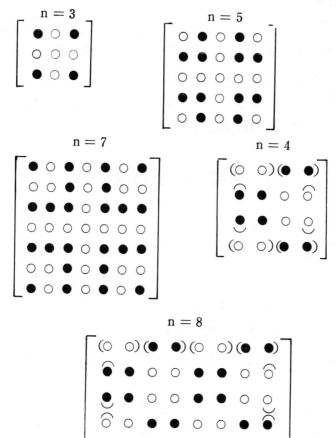

這是極有規則的陰陽結構圖形。着重提出兩點，第一，最外層一圈陰陽相間，第二，n＝奇數時，基本是洛書結構形式。

又需說明：㈠先天八卦以陽量之遞減排序，即☰（111）為一，☱（110）為二，☲（101）為三，☳（100）為四，☴（011）為五，

☳（010）爲六，☵（001）爲七，☷（000）爲八。㈡對稱位置，卦
爻之間陰陽爲偶，即☰↔☷　☴↔☳　☵↔☲　☶↔☱，所以先
天八卦布在圓周上是 S 型走向。㈢洛書又與先天八卦相對應，致
使洛書的排序是９４３８２７６１或１６７２８３４９。洛書序
是先天八卦和洛書自身陰陽之變的合參系統。

二、洛書與周易羅盤

　　羅盤亦稱羅經，測定方位，用於堪輿學。《淮南子·天文訓》：
「堪輿徐行雄，以音知雌。」許愼注：「堪天道，輿地道也。」
朱駿聲《說文通訓定聲》：「蓋堪爲高處，輿爲下，天高地下之
義也。」《史記·日者列傳》記有堪輿家。《漢書·藝文志》記
有《堪輿金匱》十四卷。堪輿學是中國神秘文化的一部分，其存
在有無價值，筆者不想涉及這一艱澀的題目。但它盤踞在人們生
活上、心理上由來已久，這是無可改變的史實。筆者這裏所述，
是以洛書數構造羅盤的方法研究，且僅限於此。

　　羅盤中心開一井，叫做「天池」，亦稱「太極」。天池中有
一磁針，叫做「金針」，即指南針。它所指的南北方向，就是先
天八卦的乾坤方向。乾坤之間畫一紅線，謂之「天地定位」。這
一紅線在子午位置，故又稱「子午線」。從天池向外數，一般羅
盤分爲三十層。最外一層（即第三十層）順時針方向刻有 0°—
360° 圓周度。

　　第六層是「二十四山方位」，「山」表示方向，即將一圓周
分爲二十四方位，其對應關係是：

羅山	圓　　周　　度		方位	五行	洛書數	陰陽
壬	337.5	352.5		水	3	○
子	352.5	7.5	北	水	7	○
癸	7.5	22.5		水	7	○
丑	22.5	37.5		土	4	●
艮	37.5	52.5	東北	土	6	●
寅	52.5	67.5		木	3	○
甲	67.5	82.5		木	9	○
卯	82.5	97.5	東	木	8	●
乙	97.5	112.5		木	1	○
辰	112.5	127.5		土	7	○
巽	127.5	142.5	東南	木	2	●
巳	142.5	157.5		火	4	●
丙	157.5	172.5		火	6	●
午	172.5	187.5	南	火	3	○
丁	187.5	202.5		火	4	●
未	202.5	217.5		土	8	●
坤	217.5	232.5	西南	土	1	○
申	232.5	247.5		金	7	○
庚	247.5	262.5		金	8	●
酉	262.5	277.5	西	金	4	●
辛	277.5	292.5		金	2	●
戌	292.5	307.5		土	3	○
乾	307.5	322.5	西北	金	9	○
亥	322.5	337.5		水	8	●

表中：●表示陰，○表示陽。

二十四山，以二十四個符號表示，即八天干：甲、乙、丙、丁、庚、辛、壬、癸；十二地支：子、丑、寅、卯、辰、巳、午、未、申、酉、戌、亥；四卦：乾、坤、艮、巽。研究的方法，是以洛書爲參考系，將干支卦各意象字納入此洛書數。

㈠天干配洛書：　　　　　　　　㈡地支配洛書：

丁 4	甲 9	辛 2
壬 3		7 癸
8 庚	1 乙	6 丙

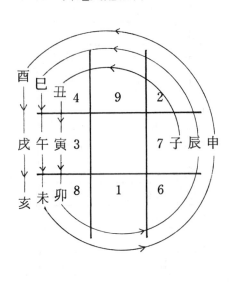

㈢四卦配洛書：

	乾 9	巽 2
4		
3		7
8 坤	1	6 艮

易經以陰陽爲變化機制，洛書數偶陰奇陽決定二十四山干支卦符號之陰和陽。

二十四山對應五行，甚爲複雜，各有所宗，各有所用，有大五行，或稱洪範五行；雙山三合五行；八卦五行；元空五行；四經五行；納音五行；正五行等。不便一一標出，表中所列爲正五行，亦稱正五龍。

羅盤闡釋空間方位，基於《易經》象數之學。牟宗三先生在

精研《易經》的基礎上，將人類知識分爲四種形態：

　　㈠局限於耳目感官的常識聞見形態。

　　㈡基於概念的現代科學抽象形態。

　　㈢超越概念而歸於直觀的術數具體形態。

　　㈣超越具象的道心境界形態。

第二層次的科學抽象形態，即是現代自然科學。特徵之一，是量的抽象，以量控質，基石是幾何學的、數學的、形式邏輯的。特徵之二，是主客體的對峙，人和自然界被分隔，人是主動的，自然界是被動的，人逐漸認識自然界，自然界爲我所用，但是自然界的各種現象均是被邏輯地、機械地、一般地認識到。第三層次是術數的具體形態，典型的例子即是《易經》的象和數，人和自然界之間是一種諧調關係，是相感和交觸。術數的表現形式是具體取象，換言之，不是量的抽象，而是質的具體和有機，超越概念，不存在量與質之間的斷層面。術數取象構成象的網，稱作「運神通化，連屬事物」。由於術數大多在民間私下傳授，留下的文字資料不多。而極少的文字資料中，良莠混雜，且眞理與謬誤，僅一步之差。二十四山方位是基於術數和取象的具體形態，天干是象，地支是象，五形是象，卦是象，以象構造其應用系統。

　　第二十二層爲外盤六十四卦，第十五層爲內盤六十四卦。以伏羲六十四卦方圖，對應洛書數，構造此內，外盤。

伏羲六十四卦方圖：

南

	列1	列2	列3	列4	列5	列6	列7	列8
行1	1/1	6/1	7/1	2/1	8/1	3/1	4/1	9/1
行2	1/6	6/6	7/6	2/6	8/6	3/6	4/6	9/6
行3	1/7	6/7	7/7	2/7	8/7	3/7	4/7	9/7
行4	1/2	6/2	7/2	2/2	8/2	3/2	4/2	9/2
行5	1/8	6/8	7/8	2/8	8/8	3/8	4/8	9/8
行6	1/3	6/3	7/3	2/3	8/3	3/3	4/3	9/3
行7	1/4	6/4	7/4	2/4	8/4	3/4	4/4	9/4
行8	1/9	6/9	7/9	2/9	8/9	3/9	4/9	9/9

行之取向

列之取向

北

　　行與列按行之取向及列之取向，且以子午線分界左旋及右旋
布於圓周上，構成內外盤之六十四卦：

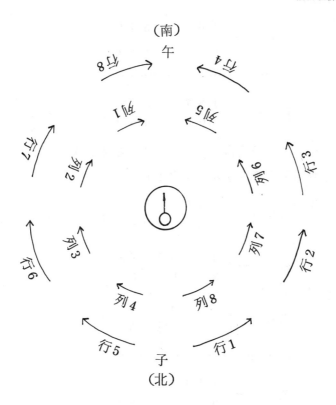

㈠外盤即伏羲六十四卦方位圖之圓圖，且圓圖和方圖按上述法則對應。

㈡行矢量上卦洛書數均爲：１６７２８３４９

　　行與行之區別是在下卦之不同。

　　如：
　　　　行１───（　１６７２８３４９　）
　　　　　　　　　　１１１１１１１１

　　　　行２───（　１６７２８３４９　）
　　　　　　　　　　６６６６６６６６

行 3 ——（ $\begin{matrix} 1\,6\,7\,2\,8\,3\,4\,9 \\ 7\,7\,7\,7\,7\,7\,7\,7 \end{matrix}$ ）

. . . .

行 8 ——（ $\begin{matrix} 1\,6\,7\,2\,8\,3\,4\,9 \\ 9\,9\,9\,9\,9\,9\,9\,9 \end{matrix}$ ）

列矢量下卦洛書數均爲：９４３８２７６１

列與列之區別是在上卦之不同。

如：

列 8 ——（ $\begin{matrix} 9\,9\,9\,9\,9\,9\,9\,9 \\ 9\,4\,3\,8\,2\,7\,6\,1 \end{matrix}$ ）

列 7 ——（ $\begin{matrix} 4\,4\,4\,4\,4\,4\,4\,4 \\ 9\,4\,3\,8\,2\,7\,6\,1 \end{matrix}$ ）

列 6 ——（ $\begin{matrix} 3\,3\,3\,3\,3\,3\,3\,3 \\ 9\,4\,3\,8\,2\,7\,6\,1 \end{matrix}$ ）

. . . .

列 1 ——（ $\begin{matrix} 1\,1\,1\,1\,1\,1\,1\,1 \\ 9\,4\,3\,8\,2\,7\,6\,1 \end{matrix}$ ）

　　㈣行矢量上卦之洛書數，即１６２７８３４９布於外盤，列矢量下卦之洛書數，即９４３８７２６１布於內盤。

　　㈤按洛書數或六十四卦一圓周分爲六十四方位，同一方位之內外盤洛書數合 10。

　　如：
　　$\left\{ \begin{matrix} 內盤列 8：９４３８２７６１ \\ 外盤行 1：１６７２８３４９ \end{matrix} \right.$

　　９，１合 10；４，６合 10；３，７合 10；８，２合 10；

　　２，８合 10；７，３合 10；６，４合 10；１，９合 10。

餘仿此。

㈥對稱方位（即差 180°之方位）外盤洛書數合 10。

$$外盤 \begin{cases} 行2：1\ 6\ 7\ 2\ 8\ 3\ 4\ 9 \\ 行7：9\ 4\ 3\ 8\ 2\ 7\ 6\ 1 \end{cases}$$

餘仿此。

同理，對稱方位內盤洛書數合 10。

如：
$$內盤 \begin{cases} 列6：9\ 4\ 3\ 8\ 2\ 7\ 6\ 1 \\ 列3：1\ 6\ 7\ 2\ 8\ 3\ 4\ 9 \end{cases}$$

餘仿此。

㈦洛書數合 10，表現兩卦體的對偶。

如內盤之履☱☰4 與外盤之剝☶☷6

實際盤面，內盤僅畫出下卦，外盤僅畫出上卦，而構成：

（內）履☱4 ↔（外）剝☶6

兩卦相應爻陰陽對偶，體現於洛書數，即爲 4，6 合 10。

又如內盤之否☷☰1 與外盤之否☰☷9

盤面爲（內）否☷1 ↔（外）否☰9

1，9 合 10。

內、外盤構造，畫出 315°— 360°（即 0°）爲例：

外盤之對稱方位也是合 10。（見73頁圖）

如：（外）坤☷☷1 ⎯⎯對稱⎯⎯→（外）乾☰☰9

（外）剝☶☷6 ⎯⎯對稱⎯⎯→（外）夬☱☰4

（外）比☵☷7 ⎯⎯對稱⎯⎯→（外）大有☰☲3

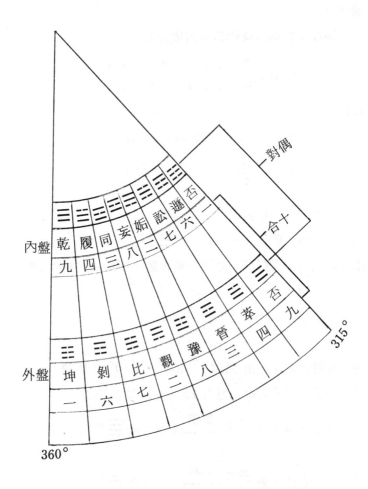

如前所述，實際外盤標出爲上卦，內盤標出爲下卦。外盤對稱方位之上卦，又等同於其同方位內盤之下卦。

（外盤）坤 ☷ 1 ─┬─ 對　稱 ──（外盤）乾 ☰ 9

　　　　　　　└─ 同方位 ──（內盤）乾 ☰ 9

（外盤）剝 ☶ 6 ─┬─ 對　稱 ──（外盤）夬 ☱ 4

　　　　　　　└─ 同方位 ──（內盤）履 ☱ 4

（外盤）比 ☵ 7 ─┬─ 對　稱 ──（外盤）大有 ☲ 3

　　　　　　　└─ 同方位 ──（內盤）同人 ☲ 3

餘仿此。

洛書數字體現了伏羲六十四卦的序列性、對稱性、方位性。合十方位是一種形式結構，賦於多種象意，以解釋方位組合關聯性。六十四卦的洛書化，其內涵極其豐富，不是泛泛談述陰陽變化。

定義先天八卦之序爲「卦序」，即乾一，兌二，離三，震四，巽六，坎七，艮八，坤九。定義洛書數爲「數序」，即乾九，兌四，離三，震八，巽二，坎七，艮六，坤一。「數序」主炁「卦序」主形，炁形交生。

炁形都表現爲數字，卦序含於卦體本身，在盤面中不標出。盤面所標出的數是洛書數，即數序。「形」指形體，如山川樹木、日月星辰，大自然景象等。「炁」以人體而言，指元炁、元神、

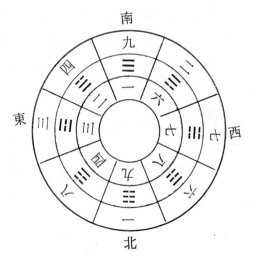

元精、元性、元情，地理學指場，指能，如地球磁場，即是場的一種形態。七政星對地球的影響，是又一種場的形態，等等。

　　炁形交生，如南，九一合十；北，一九合十；東，數序卦序均為三；西，數序卦序均為七，體現方位的和諧。如寺廟，如古塔，如故宮，如住房，取南北東西正方位，正是這種地學理論的實現。或者說，古往今來的建築物，驗證了數序卦序交生的和諧性。

　　炁形交生，先天八卦，決定四正四隅八個方位。再細分則是六十四卦決定六十四個方位。每八卦為一類，六十四卦分為八類，即貪狼、左輔、破軍、武曲、右弼、巨門、祿存、文曲。類的劃分，由卦體的變換。貪狼為先天八卦之重卦；右弼，上卦為先天八卦，下卦為上卦之對偶卦；貪狼各卦，初爻變為左輔；二爻變為破軍；三爻變為武曲；右弼各卦，初爻變為巨門；二爻變為祿存；三爻變為文曲。

　　例如：

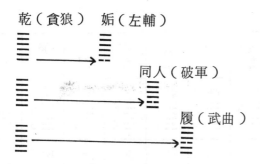

乾（貪狼）　姤（左輔）

同人（破軍）

履（武曲）

餘仿此。六十四卦之八類，列表如下：

洛書＼類	貪狼	左輔	破軍	武曲	右弼	巨門	祿存	文曲
☰ 9 □	乾 9 9	姤 9 2	同人 9 3	履 9 4	否 9 1	無妄 9 8	訟 9 7	遯 9 6
☱ 4 □	兌 4 4	困 4 7	隨 4 8	夬 4 9	咸 4 6	革 4 3	大過 4 2	萃 4 1
☲ 3 □	離 3 3	旅 3 6	大有 3 9	噬嗑 3 8	未濟 3 7	睽 3 4	晉 3 1	鼎 3 2
☳ 8 □	震 8 8	豫 8 1	歸妹 8 4	豐 8 3	恒 8 2	大壯 8 9	小過 8 6	解 8 7
☴ 2 □	巽 2 2	小畜 2 9	漸 2 6	渙 2 7	益 2 8	觀 2 1	中孚 2 4	家人 2 3
☵ 7 □	坎 7 7	節 7 4	比 7 1	井 7 2	既濟 7 3	蹇 7 6	需 7 9	屯 7 8

續

類洛書	貪狼	左輔	破軍	武曲	右弼	巨門	祿存	文曲
☶☷ 6 □	艮 ☶☶ 6 6	賁 ☶☲ 6 3	蠱 ☶☴ 6 2	剝 ☶☷ 6 1	損 ☶☱ 6 4	蒙 ☶☵ 6 7	頤 ☶☳ 6 8	大畜 ☶☰ 6 9
☷☷ 1 □	坤 ☷☷ 1 1	復 ☷☳ 1 8	師 ☷☵ 1 7	謙 ☷☶ 1 6	泰 ☷☰ 1 9	升 ☷☴ 1 2	明夷 ☷☲ 1 3	臨 ☷☱ 1 4

表中第八行之下卦洛書數是１８７６９２３４，即爲類序，

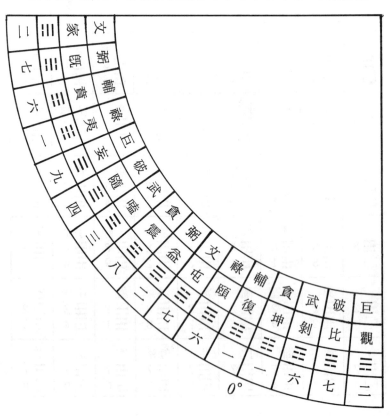

貪狼一，左輔八，破軍七，武曲六，右弼九，巨門二，祿存三，文曲四。類、卦名、上卦、洛書數、布於盤面，如 76 頁圖。

實際盤面，如震刻為☳八，頤刻為☶六，此為羅經最初盤面，如古籍之初刻本，不作校改。

地理學分為兩派。一派是「形法派」，其學理是「氣者，形之微，形者氣之著。氣隱而難知，形顯而易見。經曰：地有吉氣，土隨而起，化形之著於外者也。氣吉，形必秀潤、特達、端莊；氣凶，形必粗頑、欹斜、破碎。」這是氣形相應，而大自然之形，中國古建築之形，又是美學原則的具體體現。所以說風水學是環境科學，是環境景觀學，在建築史和建築文化上，有其特殊地位。一派是「理法派」，其學理是「地徑是山川，原有形迹之可見，天紀是氣喉，未有形迹之可窺，故必羅經測之，定其位而察其氣。」理法派以羅盤測定山川、地勢、形氣，是以八卦、干支、五行、七政為其理論四大綱，且更抽象為洛書數，可概括為「炁形交生」以及象數之學，「炁」是更廣義的「氣」。

理法派測方位表示為矢量，如龍水、山向。龍示地形地勢之動態，水在地理上是極重要的因素，是有無生氣的表徵。龍水矢量，既指地勢，也指水勢。山向矢量指所測物之坐向。二矢量有一定關聯，但不能機械理解。六十四卦龍山水向法，即此二矢量之關聯變換，為羅盤測地較簡單之例。計有貪狼、左輔、破軍、武曲、右弼、巨門、祿存、文曲各八局，共六十四局。如文曲八局之一局：

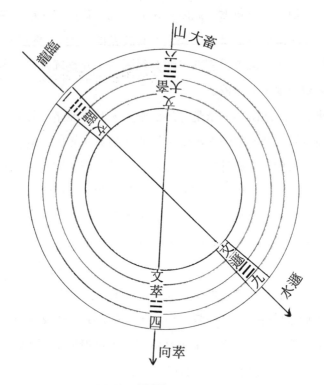

以洛書數表示龍水、山向兩矢量之諧調關係。

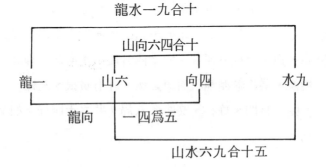

數字模式是：

龍＋水＝ 10

山＋向＝ 10

龍＋向＝ 15（或 5 ）

山＋水＝ 5（或 15 ）

八局表示爲：

$$\begin{bmatrix} 龍 & 山 & 向 & 水 \\ 1 & 6 & 4 & 9 \\ 2 & 7 & 3 & 8 \\ 3 & 8 & 2 & 7 \\ 4 & 9 & 1 & 6 \\ 6 & 1 & 9 & 4 \\ 7 & 2 & 8 & 3 \\ 8 & 3 & 7 & 2 \\ 9 & 4 & 6 & 1 \end{bmatrix}$$

　　洛書除去中宮之數五，則四正四隅之諸矢量均合十。將洛書幾何變換投射於圓周構成六十四方位，致使通過圓心的龍水、山向矢量合十。而貪狼、右弼之八類圓周分割和洛書數結合，可賦於各種地形地勢象意，這是堪輿學內容所在。

　　洛書幾何變換　說明如下：

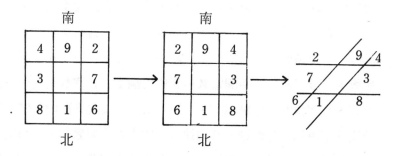

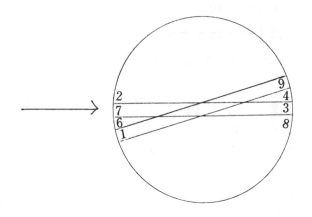

洛書 ——繞南北軸翻轉 180° ——直角坐標變換爲斜角坐標
——投射圓周。

　　筆者旨在洛書，不在羅盤，羅盤象意以及炁形交生之實際應
用，此略而不論。

三、洛書與明堂

　　最初我對明堂發生興趣，是讀清江永《河洛精蘊》中《法洛
書制明堂圖》一文。後又讀楊鴻勛《建築考古學論文集》，有《
從遺址看西漢長安明堂（辟雍）形制》一文，對明堂建築有詳細
論述。明堂是值得研究的中國古建築，而後世宮室建制，深受其
影響。又讀王治心《中國宗教思想史大綱》、「宗教是文化的一
部分，從宗教的進化途徑上，可以看出民族文化進展的痕跡」關
於周代宗教思想的變遷，其論述有《明堂制度與宗教》，研究明
堂與宗教是個大題目。總之，明堂和中國古文化發生了深切的聯
繫，研究明堂、研究洛書，也是在尋求中國古文化的源頭。

「明堂制」一詞見於許多古籍文獻，既指明堂建置及明堂布局建築結構；又指古帝王在此宮室中祀上帝、祭祖先、朝諸侯、尊賢、國子教育、饗射、獻俘、治曆、望氣、告朔、行政等一切活動。所以，以明堂的應用，惠棟說：「故爲大教之宮」。「明堂」其名不一，蔡邕說：「取其宗祀之貌則曰清廟；取其正室之貌則曰太廟；取其尊崇則曰太室；取其堂則曰明堂；取其四門之學則曰太學；取其四面周水圜如璧則曰辟雍。異名而同實，其實一也。」再如《尸子》及《考工記》所載：「神農曰天府，黃帝曰合宮，陶堂曰衢室，有虞曰總章，夏曰世室，殷曰陽館，又曰重屋，周曰明堂。」也是異名而同實。從各種異名，我們可以理解明堂的內涵。如以「明堂」一詞而言，蔡邕謂：「易曰：離也者，明也，……聖人南面而聽天下，鄉明而治，……故雖有五名而主以明堂也。」明堂制是古帝王之活動，是古宮室之建造，「法洛書」是最佳模式。「法洛書」要在廣泛的意義上去理解，即陰陽、五行、方位、四時，洛書數字都包括進去。洛書模式與明堂制相關聯，又與建築美學以及建築風水相關聯，後者屬於民俗學課題，而二者又互爲印證。中國古建築，多採用意象以達到內容與形式之統一，法洛書是意象之一端。

在上古時代，據《易經》所稱，是「上古穴居而野處，後世聖人易之以宮室。」因此，在神話中有相當多的神是穴居在山洞中的，後來才有宮室的建造。王國維《觀堂集林・明堂廟寢通考》云：「室者，宮室之始也……而擴其外而爲堂，擴其旁而爲房，或更擴堂之左右而爲箱爲夾爲个（三者異名同實）」，「个」，讀若「介」。又云：「後庭前堂，左右有房，有戶牖以達於堂，有側戶以達於房，有向以啓於庭，東北隅謂之宧，東南隅謂之窔，

西南隅謂之奧，西北隅謂之屋漏，其名如斯其備也。故室者，又宮室之主也，明乎室爲宮室之始及宮室之主，而古宮室之制始可得而言焉。」關於明堂之制又云：「明堂之制，外有四堂，東西南北，兩兩相背，每堂又各有左右二个，其名則月令諸書謂之青陽太廟、青陽左个、青陽右个。明堂太廟、明堂左个、明堂右个。總章太廟、總章左个、總章右个。玄堂太廟、玄堂左个、玄堂右个。」又云：「蓋太室之地，在尋常宮室中本爲廣廷，太室雖上有重屋，然太室屋與四宮屋之間，四旁通明，漢時猶謂之通天屋。」王氏繪製明堂圖如下：

　　此圖對明堂諸名稱的理解，可資參考，但明堂由簡而繁，所以實際情況要複雜得多。

　　《大戴禮記》云：「明堂者，古有之也」盧注云：「明堂之作，其代未得而詳也。」案《淮南子》言，神農之世祀於明堂。《大戴禮記》編定於東漢時期，收錄的文章都產生在公元前，其中有很多篇屬於戰國時期的作品。如《夏小正》篇，相傳是夏代遺書，這是我國現存的最古老的月令。據此說明《大戴禮記》所記，是三代明堂可徵信資料。清惠棟學《易》而悟明堂之布局結構，著《明堂大道錄》八卷，三代明堂制，其所引《大戴禮記》之《盛德》篇較爲詳細（案，《大戴禮記》到唐代已佚失四十六篇，所存至今只有三十九篇，《盛德第六十六》和《明堂第六十七》都屬《盛德第六十六》，實爲一篇，不應該分作兩篇。其詳細論述見王文錦爲《大戴禮記解詁》所寫的《前言》）錄之如下：

　　　　明堂者，古有之也。凡九室，一室而有四戶八牖，三十六戶，七十二牖。以茅蓋屋，上圓下方。……外水曰辟雍。……明堂月令。赤，綴戶也，白，綴牖也。二九四七五三六一八。堂高三尺，東西九筵，南北七筵，上圓下方。九室十二堂，室四戶，戶二牖，其宮方三百步。

惠棟又據《通典》補入：

　　　　堂方百四十四尺，坤之筴也。屋圓徑二百一十六尺，乾之筴也。太廟明堂方三十六丈，通天屋徑九丈，陰陽九六之變。圓蓋方載，六九之道。八闥以象八卦，九室以象九州，十二宮以應十二辰，三十六戶七十二牖，以四戶八牖乘九室之數也。戶皆外設而不閉，示天下不藏也。通天屋高八十一尺，黃鐘九九之實也。二十八宿列於四方，亦七宿之

象也。堂高三尺以應三統。四鄉五色，各象其行，外博二
十四丈，以應節氣也。

又據《隋書・宇文愷傳》補入：

凡人民疾、六畜疫、五穀災者，生於天道不順。天道不順，
生於明堂不飾。故有天災，則飾明堂也。

明堂起源很古，用於祀、祭、朝諸侯、行政，當然是極重要
之所在。其建造必要與一些數字相符合，這是古人的一種觀念。
影響到後世，如北京故宮，也含有數的觀念，北京四合院，也是
洛書模式，含有數的觀念。所以研究明堂制，其一是研究古宮室，
其二是研究民俗學。古人給出符合一些數字的建造模式，這就形
成一種習慣，即使後代人完全不顧這些數字的意義，但習慣猶存。
洛書又合於五行：五爲太室爲土，九爲明堂爲火，一爲玄堂爲水，
七爲總章爲金，三爲靑陽爲木，二、四、六、八是个。

地下發掘遺址，有西漢長安之明堂，詳細論述見楊鴻勛《建
築考古學論文集・從遺址看西漢長安明堂（辟雍）形制》。漢武
帝崇尙儒術，儒臣們建議在長安城南立明堂，但未能付諸實施。
西漢末年王莽執政，在長安建立明堂辟雍，稱帝後，又建立其宗
廟。 1956 年至 1957 年在西安市西郊大土門村，發掘毀於火的遺
址，即是王莽所建立的明堂。它是以中央土臺爲中心，四面設堂、
室的一座建築。據發掘報告，明堂建在一個直徑爲 6200 釐米的
圓形夯土基座之上。在其中央築有大方臺，從夯土邊緣計算臺南
北長 1680 釐米，東西長 1740 釐米。臺的四面均有牆、柱遺迹，
可以看出四面有對稱的堂、室布置。《漢書・平帝紀》有「羲和
劉歆等四人使治明堂、辟雍」的記載，由此我們得知這座明堂是
在劉歆的領導下，設計和督造建成的。楊鴻勛先生在其文中繪製

有「漢長安明堂辟雍復原圖」，筆者將其中一層平面圖簡化如下：

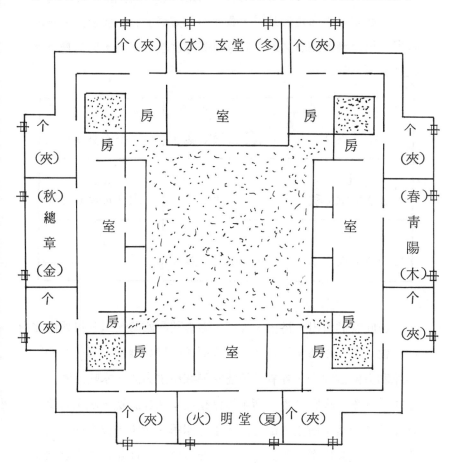

　　楊鴻勛先生說：「王莽出於政治目的托古改制，自喻周公攝政，想大朝諸侯於明堂之位，以服天下。爲此建立明堂，其式樣當然是要周制的。從經學上說，他與劉歆基本屬於古文學派，由他們設計、審定的明堂，自然也是力求尊照古制，古文不詳的地方，或從今文典籍。這座明堂的布置，應從《考工記》周制五室之說，作五室。遺址已表明了四面的四室，其餘的一室即中央太

室，按劉歆所說：『內有太室』，則太室應在周圍四室的中間。
……至於太室平面是方是圓，遺址中央方臺上部已經損失，無迹
可尋，復原判斷僅憑文獻。」據此明堂遺址，其基本結構是洛書
模式：

六 个（夾）	一 （水）玄堂（冬）	八 个（夾）
七 （金）總章（秋）	五 太室 （土）	三 （木）青陽（春）
二 个（夾）	九 （火）明堂（夏）	四 个（夾）

　　由此我們看出，洛書、五行、春夏秋冬四時、以及東西南北
中方位，緊密聯繫，這是古人建造明堂的核心觀念。五行在一年
四季和方位定向中，各有其所旺季節和所主方向。木旺於春，所
主方位在東；火旺於夏，所主方位在南；金旺於秋，所主方位在
西；水旺於冬，所主方位在北；土旺四季，所主方位在中。或言
之，木之生長向陽，東方是太陽初升方位；火性如南方之炎熱，
火主方位在南；金清涼蕭殺，西方正是太陽落山，草木不生的地
方；水澄澈寒冷，而北方水冰地寒；土厚實適中，有利於萬物生
長，中央地處東西南北中間，所以土對應中央。其於洛書，則是
三木、九火、七金、一水、五土，三、九、七、一、五為陽之數，
明堂之「明」，是陽之內涵。明堂的使用，基本是秦人之法，
見於《呂氏春秋・十二紀》。《禮記・月令》將其歸納：「孟春，

天子居靑陽左个；仲春，居靑陽太廟；季春，居靑陽右个。孟夏，
居明堂左个；仲夏，居明堂太廟；季夏，居明堂右个。中央土，
居太廟太室。孟秋，居總章左个；仲秋，居總章太廟；季秋，居
總章右个。孟多，居玄堂左个；仲多，居玄堂太廟；季多，居玄
堂右个。」表述如下：

四時	天子居處	洛　書	
孟春	靑陽左个	八	
仲春	靑陽太廟	三	合十五
季春	靑陽右个	四	
孟夏	明堂左个	四	
仲夏	明堂太廟	九	合十五
季夏	明堂右个	二	
孟秋	總章左个	二	
仲秋	總章太廟	七	合十五
季秋	總章右个	六	
孟多	玄堂左个	六	
仲多	玄堂太廟	一	合十五
季多	玄堂右个	八	

　　天子居處是嚴格按四時十二個月居此十二堂，一季居三堂，
合於洛書十五之數。古人對數字的崇拜，尤其對洛書的崇拜，創
造了許多古代文化，明堂制即其一例。現代人爲理性主義所浸潤，
是以算術及數字本身去理解數，看不到數字之外更爲廣泛的含義。
可是如果我們以歷史的透視眼光來看，就會探取一種比較寬宏的

態度了。明堂的功能是「布政之宮」，《文獻通考》卷七十三郊社六云：「明堂者，王者之堂也。謂王者所居以出教令之堂也。夫王者所居非謂王者常居也。……其制必凜然森嚴，肅然清淨，王者朝諸候、出教令之時，而後居焉。」即明堂非王者所常居，而是朝諸侯出教令時的居處。內容與形式的統一，明堂是一種形式，其建構必符合於中國文化中的兩個重要觀念：一是天道觀念，一是數字觀念。《大戴禮記·盛德》云：「故明堂，天法也，禮度，德法也，所以御民之嗜慾好惡，以愼天法，以成德法也。刑法者，所以威不行德法者也。」明堂天法所在，意謂自然法則，人事法則所在之所。德法即王者躬行心德，垂為法象，如《易》所云：「君子以制數度，議德行。」御是理，即理性，愼，讀若順。明堂制是順天道，以成德法，使民之嗜慾好惡，具有理性。如德法行不通，則威之以刑法。故明堂建構形式，又取象天之星座，人與天地達到和諧統一。《禮記·明堂陰陽錄》曰：「明堂之制，周旋以水，水行左旋以象天。內有太室，象紫宮；南出明堂，象太微；西出總章，象五潢；北出玄堂，象營室；東出青陽，象天市。」劉歆也說：「王者師天地，體天而行。是以明堂之制，內有太室，像紫微宮，南出明堂，像太微。」其次是數字觀念，更確切地說，是符號觀念。二九四七五三六一八是五行生成之數，為明堂九室所取之法。這種傳統文化以洛書為法，充斥於諸多地下遺址和古籍文獻。從文化史角度考察，我們可以解釋許多文化現象。

古國都建置按洛書模式，分割為九區，如下圖所示。北一區為市，市四面皆有門，每日市門開，則商賈有貨，俱入市，所謂日中為市。中區為宮，洛書為五，宮為宮屋，處理日常事務之處。

南九區是朝，君臣謀政事之處。朝之左爲祖，祭祖之處。朝之右爲社，社爲土地之神，見《白虎通·社稷》，古者自天子至庶民皆得封土立社，以祈福報功，其所祀之神曰社，其祀神之所亦曰社。其他四區是居民區。朝爲九，市爲一，兩個居民區爲三、七，宮爲五，均爲陽。天子、民及經濟區是建置之本。

北

居民區 六	市 一	居民區 八
居民區 七	宮 五	居民區 三
社 二	朝 九	祖 四

西　　　　　　　　　　　　　　　　東

南

　　北京天壇是世界著名古建築。其建構，無論形體、顏色、數字配合，都體現一種文化觀念。單士元《故宮札記》一書有詳細論，筆者摘抄所需要者。天壇建成於明永樂十八年（1420年），那時北京無外城，所以天壇屬北京南郊。祀天的典禮，下限時間在周代，起源很古，祀天爲大祀之首，每年舉行，古代以南爲陽，洛書爲九，表示天是陽性。於嘉靖十九年（1540年）天壇又改建，更符合古制，即南面是圜丘壇，北面是大享殿，圓形建築從此開始。冬季祀天在圜丘，春季祈穀和秋季報享在大享殿。圜丘壇是

天壇主要部分，取以數字象徵，如壇高三層取陽數；圜丘第一成（即層）徑九丈，即取九；第二成十五丈，取三個五；第三成二十一丈，取三個七。第一成欄板，每組九塊分四組，第二成欄板，每組十八塊，九的二倍，分四組，第三成欄板二十七塊，九的三倍，分四組。湊九之數，我們說也是洛書傳統。概括言之，九或九的倍數，源於洛書，明堂制，古代國都區域劃分，宮庭建構，都以洛書或洛書數爲模式。

奇 門 遁 甲

一、引　　言

　　奇門遁甲是洛書之用，確切些說，是以洛書為「座標」系，而定局定盤。其在四庫全書子部術數類。筆者先介紹文獻資料，對奇門遁甲有一般歷史的認識。

　　《遁甲演義》二卷，四庫提要：

　　　　明程道生撰。……考大戴禮載明堂古制有二九四七五三六一八之文，此九宮之法所自昉，而易緯乾鑿度載太乙行九宮尤詳，遁甲之法，實從此起。……其法以九宮為本，緯以三奇六儀八門九星，視其加臨之吉凶，以為趨避。以日生於乙，月明於丙，丁為南極，為星精，故乙丙丁皆謂之奇。而甲本諸陽首，戊己下六儀分麗焉，以配九宮，而起符使，故號遁甲。其離坎分宮，正授超神，閏奇接氣，與曆律通。開休生之取北方三向，與太乙通。龍虎蛇雀刑囚旺墓之義，不外於乘承生剋，與六壬星命通。至風雲緯候，無不賅備。故神其說者以為出自黃帝風后，及九天元女，皆依託，固不待辨，而要於方技之中最有理致。考漢志所列惟風后六甲，風后孤虛而已，於奇遁尚無明文，至梁簡文帝樂府，始有三門應遁甲語。陳書武帝紀，遁甲之名遂

見於史，則其學殆盛於南北朝。隋志載有伍子胥遁甲文，信都芳遁甲經，葛秘三元遁甲圖等十三家，其遺文世不概見。唐李靖有遁甲萬一訣，胡乾有遁甲經，俱見於史志。至宋而傳其說者愈多。………

《奇門遁甲賦》一卷，四庫提要：

不著撰人名氏。考焦竑經籍志，遁甲書七十二家，以賦名者宋邱濬天乙遁甲賦及員卓遁甲專徵賦而已。是編論奇門而不及於天乙，亦不主於用兵，殆非濬卓遺本。其於奇儀飛伏之理，詞意明簡，尚不至於荒詭。末附以烟波釣叟歌。……其賦中註釋，則大抵江湖術士摭拾浮談，無所闡發也。

《黃帝奇門遁甲圖》一卷，四庫提要：

不著撰人名士，所載惟陰陽十八局及入門凡例，而餘法皆不詳。……文辭鄙拙，亦不類宋人，殆好事者依託爲之也。

《奇門要略》一卷，四庫提要：

不著撰人名氏，大都摭拾奇門五總龜之說，略加詮次。於得奇得門得使，毫無所發明。即超神接氣亦未之及。而以爲得宋平章趙公之傳，書末復援劉基徐達以神其術，此術家誕妄之習不足究詰也。

《太乙遁甲專征賦》一卷，四庫提要：

不著撰人名氏，考焦竑經籍志，有明員卓遁甲專征賦，其名與此相合。或即卓書，或後人所擬作，莫能詳也。其書以遁甲論行軍趨避之用，不外煙波釣叟歌中之意，別無所發明。且以太乙命名，而篇中絕無一語及太乙九宮計神主客者，尤爲不可解矣。

《遁甲吉方直指》一卷，四庫提要：

明王巽撰，巽自號秦臺子，蘭陽人。官欽天監五宮司曆。
是書前有自序，謂永樂中，上巡狩北京，增大統壬遁歷書，
命巽及冬官正皇甫仲和靈臺郎湯銘等推演遁甲，刪諸凶時，
專註吉門以利用。因集爲此書。蓋亦壬遁歷之略例也。然
術家主趨避，未有不明於所避，而可以獲吉者。專選吉方
以求驗，殊非古法矣。

《奇門說要》一卷，四庫提要：

明郭仰廉編。仰廉始末未詳。是書即陰陽十八局起例立成
之說，別無要指。蓋亦從諸書鈔撮而成者。

以上所錄書目七種，除《遁甲演義》爲兩江總督採進本，其
餘六種是浙江范懋柱私人進獻本。所以四庫本關於奇門遁甲書範
圍有限，然其提要評議比較公允。

奇門遁甲著述，又見於《古今圖書集成》（此亦一大類書，
編輯印刷歷順、康、雍三朝。草創於順治朝，主其事者爲陳夢雷，
重修於康熙朝，印成於雍正朝。計三十二典，六千一百零九部，
共一萬卷）。其所收輯奇門遁甲，摘其要者，內容爲煙波釣叟歌，
景祐遁甲符應經，遁甲穿壬等。

元馬端臨《文獻通考・經籍考四十七》載：《遁甲萬一訣》
一卷，《遁甲經》一卷，《景祐遁甲玉函符應經》二卷，《遁甲
選時圖》二卷。其於《遁甲萬一訣》按語：「遁甲之書見於隋志，
凡十三家，則其學之來，亦不在近世矣。以休、生、傷、杜、景、
死、驚、開八門，推國家之吉凶，通其學者以爲有驗，未之嘗試
也。」這裏說明兩點：第一，奇門遁甲以八門推算國家之吉凶。
第二，《文獻通考》撰者雖在介紹奇門遁甲之神奇推算，但「未
之嘗試也」，態度是嚴謹的。

《隋書‧經籍志》載：

　《黃帝陰陽遁甲》六卷。

　《遁甲決》一卷，吳相伍子胥撰。

　《遁甲文》一卷，伍子胥撰。

　《遁甲經要鈔》一卷。

　《遁甲萬一訣》二卷。

　《遁甲九元九局立成法》一卷。

　《遁甲肘後立成囊中秘》一卷，葛洪撰。

　《遁甲囊中經》一卷。

　《遁甲囊中經疏》一卷。

　《遁甲立成》六卷。

　《遁甲立成》一卷（按，與上書名同）。

　《遁甲敍三元五曆六成》一卷，郭引遠撰。

　《遁甲六成法》一卷，臨孝恭撰。

　《遁甲穴隱秘處經》一卷。

　《黃帝九元遁甲》一卷，王琛撰。

　《黃帝出軍遁甲式法》一卷。

　《遁甲法》一卷。

　《遁甲術》一卷。

　《陽遁甲用局法》一卷，臨孝恭撰。

　《雜遁甲鈔》四卷。

　《三元遁甲上圖》一卷。

　《三元遁甲圖》三卷。

　《遁甲九宮八卦圖》一卷。

　《遁甲開山圖》三卷，榮氏撰。

《遁甲返覆圖》一卷，葛洪撰。

《遁甲年錄》一卷。

《遁甲支手決》一卷。

《遁甲肘後立成》一卷。

《遁甲行日時》一卷。

《遁甲孤虛記》一卷，伍子胥撰。

《遁甲孤虛注》一卷。

《遁甲九宮亭亭白姦書》一卷。

《遁甲要用》四卷，葛洪撰。

《遁甲秘要》一卷，葛洪撰。

《遁甲要》一卷，葛洪撰。

《遁甲》三十三卷，後魏信都芳撰。

《三元遁甲》六卷，許昉撰。

《三元遁甲》六卷，劉毗撰。

《遁甲時下決》三十三卷。

《陽遁甲》九卷。

《陰陽遁甲》十四卷。

《遁甲三奇》三卷。

《遁甲三元九甲立成》一卷。

《遁甲推時要》一卷。

《三正遁甲》一卷，杜仲撰。

《遁甲》三十五卷。

不厭其繁地寫下這些書目（未全抄錄），非爲筆者偏愛，假如筆者紹介奇門遁甲譬作一棵小樹，那麼同時也要看到大樹和森林。余嘉錫《古書通例》云：「《隋書》十志本爲《五代史》而

作，其篇第編入《隋書》，俗呼爲《五代史志》。六朝以前目錄
書皆亡，僅此書《經籍志》見其崖略，故讀古書者必取資焉。」
按，《隋書》十志，是由於梁、陳、齊、周、隋各書均無志，太
宗詔修《五代史志》，編入《隋書》。《經籍志》上溯後漢，把
千年來的名賢著述，都網羅進　，使後人得以尋找圖書存亡的痕
跡，對於訪求文獻有莫大便利。而奇門遁甲的研究成果及其發展，
也可以由目錄見其梗概。

　　藏書情況，有美國國會圖書館藏《景祐遁甲符應經》上部三
卷，下部三卷，共六册，明鈔本。宋楊維德等撰。有陰陽遁十八
局，課四千三百二十，「法神道而設教育」「有龍甲之祕經」。

　　北京圖書館藏《太乙集》，不分卷，殘，十六册，不詳撰人。
《易緯乾鑿度》云：「太一取其數，以行九宮。」鄭玄注：「太
一者，北辰之神名也。神所居，故亦名之曰宮。天一下行，猶天
子出巡狩，省方岳之事，每率則復。太一下行八卦之宮，每四乃
還於中央，中央者北神之所居，故因謂之九宮。」按此爲後世太
乙、九宮、遁甲之所從出。是書有陰遁、陽遁各七十二局。王重
民按：「《存目》卷百十有《太乙成書》八卷，其內容似大致與
是書相同，《成書》凡五周，爲三百六十局，疑是書亦應有三百
六十局也。」

　　北京圖書館藏《遁甲日用涓吉奇門五總龜》二卷，四册，明
刻本。不著撰人。卷內有：「蔡新」、「葛山」、「海寧陳鱣觀」、
「小李山房圖籍」、「柯溪藏書」等即記。

　　此外，如《漢書・藝文志》、《唐書・經籍志》、《宋史・
藝文志》、《明史志》、《明史列傳》、《清史稿》、《千頃堂
書目》，漢墓出土文獻以及坊間流傳，不下二百種。在漫長的歷

史時代，奇門遁甲的形成和研究，是一種文化現象，不管人們肯定或否定此一現象，但它盤踞在人們生活中已久，我們不能改變這一史實。這裏對奇門遁甲的紹介，並不含着主觀的提倡。

二、奇門遁甲時制

從出土的甲骨文，發現有完整的六十干支表，殷人就是以六十日爲一周，周而復始地記日。殷代干支記日，順序循環，沒有中斷地連續使用到今天，這是世界最早的記日法。

從戰國開始一直至今，又用干支記年，六十年爲一周期。有了干支記日、記年，在歷史時間軸上劃出等分的年間隔，日間陽，使人們對歷史事件的年、月、日、時不會因朝代及曆法的變更而發生差錯，同時也使預測天象更準確。奇門遁甲的時制，即以干支記年、記月、記日、記時，而定局定盤。

其次，略述中國古曆法，以探求奇門遁甲始年的確定。中國古天文學是利用圭表量測每日中午表影的長度及其變化，直接定出多至日期。中國「古六曆」（戰國時期制定的《黃帝曆》、《顓頊曆》、《夏曆》、《殷曆》、《周曆》、《魯曆》。）皆以 $365\frac{1}{4}$ 日爲一回歸年（多至時刻至下一多至時刻），故又稱「四分曆」。十二個朔望月比一回歸年少十一天，需要設置閏月來調節季節，十九個回歸年有七個閏月，即：

19 個回歸年 $= 12 \times 19 + 7 = 235$ 個朔望月

$$1 \text{ 朔望月} = \frac{365\frac{1}{4} \times 19}{235} = 29\frac{499}{940} \text{日}$$

古六曆中，僅《顓頊曆》用到公元前 104 年，漢武帝改曆爲

止。

$29\dfrac{499}{940}$ 按連分數展開的最佳近似值為 $29\dfrac{43}{81}$ ，漢武帝時的

《三統曆》（又稱《太初曆》）即以：

$$1 \text{ 朔望月} = 29\dfrac{43}{81}\text{日}$$

為「八十一分法」的原始數據。八十一分法，即將一日分為八十一分。

$$1 \text{ 朔望月} = 29\dfrac{43}{81}\times 81 = 2392 \text{ 分}$$

$$置閏週期 = 235 \text{ 朔望月} = 2392 \times 235 = 562120 \text{ 分}$$

$$1 \text{ 回歸年日數} = （562120 \times 19）\div 81 = 365\dfrac{835}{1539}\text{日}$$

即經過 1539 年才能得一整日。

又置閏週期 235 朔望月與交食週期 135 朔望月的最小公倍數是 6345 朔望月。

$$6345 \text{ 朔望月} = \dfrac{6345}{235} \times 19 = 513 \text{ 年}$$

1539 年恰為 513 年的 3 倍 ，如果多至時刻為年之始，朔旦為月之始，夜半為日之始，1539 年是一週期。

干支記日，每 60 日一循環。

$$1539 \text{ 年} = 365\dfrac{833}{1539}\times 1539 = 562120 \text{ 日}$$

562120 與 60 的最小公倍數是 1686360 。

$$1686360 \ 日 = \frac{1686360}{365\dfrac{835}{1539}} = 4617 \ 年$$

多至、朔旦、夜半，且爲甲子日，則周期是 4617 年。

又計算五星會合周期：

　　　木星大周＝ 1728 年會合 1583 次

　　　金星大周＝ 3456 年會合 2161 次

　　　土星大周＝ 4320 年會合 4375 次

　　　火星大周＝ 13824 年會合 6469 次

　　　水星大周＝ 9216 年會合 29041 次

1728　3456　4320　13824　9216 最小公倍數是 138240，138240 與 19 之最小公倍數是 2626560。即每經 2626560 年，五星會終與日月會歲，稱之爲「七曜齊同」。

　　經 2626560 × 9 ＝ 23639040 年，多至、朔旦、夜半、七曜，同復於甲子日。23639040 年定義爲太極上元。《漢書‧律歷日》說：「五星會終，觸類而長之，以乘章歲，爲二百六十二萬六千五百六十（2626560），而與日月會。三會爲七百八十七萬九千六百八十（7879680），而與三統會。三統二千三百六十三萬九千四十（23639040），而復於太極上元」。「太極上元」包含有天體起源、宇宙演化的思想。即如老子所述，宇宙的形成，是從無名的、混沌的、無形的質，演化爲有名的、清楚的、有形的宇宙萬物。《三統曆》即以多至、朔旦、夜半、日月五星齊同，且在甲子日，定爲有形的天地萬物的開始。從數字考察，也許毫無意義，但別一種含義，却是一種哲學的高度概括。

　　奇門遁甲時制，受太極上元及曆元（曆法起算的時刻）的哲

理性影響，其年盤開始的年份，仿曆元定爲公元前 2637 年（甲子年），或公元前 1377 年（甲子年）。其日盤、時盤又緊密和冬至、夏至以及二十四節氣相聯繫。

按史學觀點，歷史不能離開時間範疇，從而我國史學表素質很高。如《史記》之《三代世表》、《十二諸侯年表》、《六國年表》、《秦漢之際月表》等，其體例取自前人，是中國優秀史學傳統。從史學表我們可以看出，歷史事件固定在某一時刻，或許是偶然的、隨機的，但研究其全過程，却包含著必然因素。雖然史學研究的是在時間進程中，歷史事件和歷史人物活動，奇門遁甲研究的是在時間進程中，某一軍事行動的方位布署，後來演變爲在時間進程中一個人的行動取捨，而更具體化爲在某時間，某方位有利或不利。但其研究方法，仍然是在個別現象中，找出規律性的因素。所以司馬遷說：「曆人取其年月，數家隆於神運」。

奇門遁甲產生於一個「歷史的民族」（外國著作稱中國語）。司馬遷自稱，他寫《史記》的目的，是「究天人之際，通古今之變，成一家之言」。「究天人之際」，說明他繼承了古代巫史不分的傳統，古代巫史不僅秉筆記錄當代發生的事件，且爲宮庭預測和決疑。「通古今之變」，說明他力圖用歷史作爲借鑑，發現歷史事件中有規律性的東西。奇門遁甲正是預測和決疑的一種模式。

天文曆法以及「史」的觀念，是生成奇門遁甲的因素，且奇門遁甲是在中國傳統術數中，唯一將時空有機地聯繫在一起。

三、奇門遁甲解題

　　首先談甚麼是文化？國內外的「文化」定義不下幾十種，《天人象》一書的作者謝松齡先生不着一字於「文化」的釐定，卻道出一種文化觀：「文化是現象，是人類體驗所現之象」，而「文化創造是精神歷史的展現。人類的文化創造，是意顯現爲象，象著明爲言的過程。」這是地道的中國式的文化觀。文化創造乃是「意→象→言」的過程。呂建福先生評《天人象》一書，文章標題就是《忘象求意》，他說：「情緒性的否定傳統，一旦作爲一種潛意識（底蘊）存在，那麼，這種潛意識的另一面就是對西方文化的情緒性的肯定，對中國文化的無理由的偏視。所謂中西文化比較，大量關於西方文化的論述只是起了證明中國文化「有病」的作用。西方文化似乎是一面鑑照中國文化憔悴病容的光潔的鏡子。在這種氛圍中，令人高興的是，我們終於見到了一本道地的研究中國文化的新著：《天人象：陰陽五行學說史導論》。說它是『道地的』，不僅因爲其專題是道地的中國文化──陰陽五行和方技術數，而且因爲其研究方法也是道地的中國方法──忘象求意。」

　　又說：

　　　　全書一氣貫之，通過陰陽五行學說及天文、律歷、風水、命相等各種中國本土的「方技術數，展示出其中的深層蘊涵──天地人大一統」的體驗世界。這也是海外諸現代大儒的共同看法：「中國文化自來即有其一貫之統緒存在」，「總以大一統爲常道」，此即中國文化的「一本性」，（

牟宗三等《爲中國文化敬告世界人士宣言》）。《天人象》
的作者則由向來爲現代文化人類學視爲「民俗」的方技術
數，展示出同樣的「深層結構」——體驗世界。這就使我
們對中華五千年之「泱泱」大文化有了更深入且更具體的
理解。這一種「理解」不同於通常概念名言的條分縷析的
知解，其深入具體之程度，視各人由言入象的歷程中不執
着言象的去執程度而定。

西方文化着重於理性、邏輯推理和證實。中國傳統文化中的「易
象」，是中國術數的深層結構所展示的體驗世界。是天地人系統
的「一本性」。體驗世界是無可論證的。奇門遁甲雖然具有一定
方法構造其模式，但對模式的解釋却是一種體驗和意會。基於此，
構造模式的基本元素是「賦象」的符號，這些符號是：

三奇 —— 乙、丙、丁。

六儀 —— 戊、己、庚、辛、壬、癸。

八門 —— 休門、生門、傷門、杜門、景門、死門、驚門、開
　　　　　門。

九星 —— 天蓬星、天芮星、天沖星、天輔星、天禽星、天心
　　　　　星、天柱星、天任星、天英星。

八神 —— 直符、螣蛇、太陰、六合、勾陳（陰遁白虎）、朱
　　　　　雀（陰遁玄武）、九地、九天。

九宮（九氣）—— 一白、二黑、三碧、四綠、五黃、六白、
　　　　　　　　　七赤、八白、九紫。

關於奇門遁甲的建構，有以下幾點說明：

其一，《易・繫辭》：「天五地六」，六是大地。古占法，
除奇門遁甲外，又有六壬與太乙，世稱「三式」。以五行生於水，

故曰「壬」，又「天一生水，地六成之」，故曰：「六」。六壬
法：以天上十二辰分野，爲之天盤，以地上十二支方位，爲之地
盤，天盤隨時間運轉，地盤則一定不易。分野說是占星術的一塊
基石，所謂「分野」即是天上星象與地面某地相對應。一般論者，
認爲要研究古代和中世紀的天文學史，離開占星術是寸步難行的，
因爲截止到十七世紀左右的天文學史，幾乎同時就是占星術發展
史。筆者認爲占星術本身有它的價值在，既不能給予肯定，但也
不必全盤否定。漢代人就想把一切事物歸納到宇宙論體系中去，
因此對分野說比較重視，有了分野說，就把天地人系統化起來。
值得重視的是這種思考。古代的天地人系統，區別於現代的天地
人系統，現代是以物理的數學的推理爲基礎，古代卻是體驗爲基
礎。而現代物理的數學的方法，也絕不能包羅萬象。六壬的天盤
地盤是天地關係的模式，而非實體的反映。

又如七政星學，是根據實星而定方位的。所謂實星是指實際
存在具有實體的星，即太陽、月亮、木星、火星、土星、金星、
水星七星，總稱爲七政星。相對地奇門遁甲是以三奇、九星等「
虛星」來定方位的。它們構成一個體驗世界，同時又是一個符號
世界和取象世界。

其二，奇門遁甲以洛書爲構建框架，構成十八個地盤，即十
八個座標系。或稱十八局（陰遁九局，陽遁九局）。這裏洛書表
示方位，即四正、四隅，這是奇門遁甲的空間。局的構造是將九
干（甲除外）有序的布入洛書內。

如陽一局地盤：

洛書序	1	2	3	4	5	6	7	8	9
九　干	戊	己	庚	辛	壬	癸	丁	丙	乙

4 辛	9 乙	2 己
3 庚	5 壬	7 丁
8 丙	1 戊	6 癸

如陰九局地盤：

洛書序	1	2	3	4	5	6	7	8	9
九　干	乙	丙	丁	癸	壬	辛	庚	己	戊

4 癸	9 戊	2 丙
3 丁	5 壬	7 庚
8 己	1 乙	6 辛

地盤的構造很簡單，九干即九個有序元素，按現代數學群論中的輪換運行，而布於洛書。

陽局輪換是：（戊己庚辛壬癸丁丙乙）

陰局輪換是：（乙丙丁癸壬辛庚己戊）

各輪換一輪構成陰陽十八局。奇門遁甲書一般稱陽九局是「順布六儀逆布三奇」，陰九局是「順布三奇逆布六儀」。

九干布局（地盤）與時間有關，而構成奇門遁甲時空統一系統。這種特殊的十八個座標系，是由眞實時間與空間象化的體驗世界。

據地盤九干之布局，再依所用之時間、構造、「三奇六儀天盤」、「八門人盤」、「九星天盤」、「八神盤」、「九宮盤」。三奇乙丙丁，象意是日月星，即日爲乙奇，丙爲月奇，丁爲星奇。「奇」字可釋爲「神奇」、「奇異」、「妙用」，是日、月、星的修飾字（按五行說釋「奇」，較確切，此從略）。六儀戊己庚辛壬癸，內涵是時間。無論年、月、日、時，都由六十干支紀之，「六十」一甲子，「六十」一循環，如下表：

戊一　甲子、乙丑、丙寅、丁卯、戊辰、己巳、庚午、辛未、壬申、癸酉。

己一　甲戌、乙亥、丙子、丁丑、戊寅、己卯、庚辰、辛巳、壬午、癸未。

庚一　甲申、乙酉、丙戌、丁亥、戊子、己丑、庚寅、辛卯、壬辰、癸巳。

辛一　甲午、乙未、丙申、丁酉、戊戌、己亥、庚子、辛丑、壬寅、癸卯。

壬一　甲辰、乙巳、丙午、丁未、戊申、巳酉、庚戌、辛亥、壬子、癸丑。

癸一　甲寅、乙卯、丙辰、丁巳、戊午、己未、庚申、辛酉、壬戌、癸亥。

六行、十列，每行有十個時間單位，爲一組。六十時間單位，共六組。每組取一字代之，如第一組（即第一行）代之以「戊」，第二組（第二行）代之以「己」等等。則六儀代六十干支。「儀」可釋「象」，「《易》之妙，妙在象」的「象」。所以六儀之六個字，可以賦於各種物象、意象，內涵極廣垠。

九干之外的「甲」代表「太乙」（「泰一」或「太一」）即天帝，太乙主天，如人主主地。「甲」也是象，其意象是一種神秘的力量。具體構造天盤時，「甲」並不出現，而是隱遁於六儀之中，故稱「遁甲」。

奇門遁甲根據所用時間，將各種符號分布於洛書空間內，構成賦象的符號系統。取象過程是不斷積累，不斷修訂，逐步認識，而最後形成反映眞實天地人關係的方位預測。筆者設想用現代概率統計的方法，驗證其反映客觀事物的眞實程度，然而人事複雜，牽涉因素太多，天地人大系統是否能用數學方法以及現代科學方法完全給予解決，這是存疑的問題。但是概率統計不失爲驗證客觀規律的一種手段（筆者是數學工作者，對數學有一種偏愛），試看下例：

> 巴特開惠茨根據普魯士軍隊的統計報告，計算過十個連隊中的騎兵在連續二十年的時間內，因受馬的踐踏以致死亡的人數。將每年每隊中因馬踐踏死亡的人數算作隨機事件，則統計結果表明，此隨機事件服從波松分布。

但問爲什麼服從波松分布？誰也說不清楚。我們只能承認這種統計規律性。論證（實際是驗證）奇門遁甲的眞實程度，也存在類似情況。現在有人提出「包涵著生命信息的宇宙背景能量」，以及「人體能量流」，這是「場」的概念。人與方位的關係，實際

是場的作用。筆者認爲未弄清楚這種「場」的運動形式，對研究問題，並無實際效用。

數學論證，是一種輔助手段，場的概念尚在逐步認識階段，我們只能囘到深層次的「意」、「象」世界。奇門遁甲的研究方法是「會」，即體驗。定局定盤模式及取象賦意，正是一種體驗軌跡。

四、定局——構造地盤

前面談到將九干順逆「輪換」，布入洛書，而形成陰陽十八局，如表所示：

地盤十八局九干分布表

九干分布局 \ 洛書數	1	2	3	4	5	6	7	8	9
陽一局	戊	己	庚	辛	壬	癸	丁	丙	乙
陽二局	乙	戊	己	庚	辛	壬	癸	丁	丙
陽三局	丙	乙	戊	己	庚	辛	壬	癸	丁
陽四局	丁	丙	乙	戊	己	庚	辛	壬	癸
陽五局	癸	丁	丙	乙	戊	己	庚	辛	壬
陽六局	壬	癸	丁	丙	乙	戊	己	庚	辛
陽七局	辛	壬	癸	丁	丙	乙	戊	己	庚
陽八局	庚	辛	壬	癸	丁	丙	乙	戊	己

九干分局＼洛書數布	1	2	3	4	5	6	7	8	9
陽九局	己	庚	辛	壬	癸	丁	丙	乙	戊
陰九局	乙	丙	丁	癸	壬	辛	庚	己	戊
陰八局	丙	丁	癸	壬	辛	庚	己	戊	乙
陰七局	丁	癸	壬	辛	庚	己	戊	乙	丙
陰六局	癸	壬	辛	庚	己	戊	乙	丙	丁
陰五局	壬	辛	庚	己	戊	乙	丙	丁	癸
陰四局	辛	庚	己	戊	乙	丙	丁	癸	壬
陰三局	庚	己	戊	乙	丙	丁	癸	壬	辛
陰二局	己	戊	乙	丙	丁	癸	壬	辛	庚
陰一局	戊	乙	丙	丁	癸	壬	辛	庚	己

所謂「構造地盤」，即是按年、月、日、時，確定用那一局。地盤分作年盤、月盤、日盤、時盤。

[年盤]：一年一局，六十年一元，上中下三元，一百八十局為一大循環，陰遁。

[月盤]：十個月一局，五年一元，一元六局，上中下三元，三元十八局，陰遁。

[日盤]：一日一局，六十日一元，上中下三元，三元一百八十局，陰陽遁。

[時盤]：十時辰一局，五日六局為一元，上中下三元共十

八局，與二十四節氣相關聯，陰陽遁。

具體作法分述如下：

㈠年盤一年一局，使用陰遁，年干支 60，陰遁 9 局，60 與 9 的最小公倍數是 180。180 分作三元，60 局爲一元。陰遁輪換爲：　（９８７６５４３２１）

年干支與上中下三元陰遁對應表

上元 5 局銜接中元 4 局，中元 8 局銜接下元 7 局，下元 2 局銜接
上元 1 局。構成 180 局大循環。是 60 的倍數，也是 9 的倍數。

　　年盤「歷元」確定為公元前 1377 年，即公元前 1377 年為起
始上元甲子年。

　　180 年是三元一大循環，則

　　　　（前 1377 ）≡（前 117 ）（ **mod** 180 ）

　　公元前 117 年，是又一上元甲子年

前 1377年	前 117年	前 57年	4年	64年	公元 紀年
上元甲子	上元甲子	中元甲子	下元甲子	上元甲子	

　　以此推算公元 64 年是上元甲子，則

　　　　　　64 ＋ 180 ＝ 244 年　　　上元甲子

　　　　　　64 ＋ 2 × 180 ＝ 424 年　上元甲子

　　　　　　64 ＋ 3 × 180 ＝ 604 年　上元甲子

　　　　　　　　　　⋯⋯⋯⋯⋯⋯⋯⋯⋯⋯⋯⋯⋯⋯⋯

　　∴　　64 ＋ 180 k （ k ＝ 0、1、2 ⋯⋯）為上元甲子

　　設所求年為 A

　　　　A ＝ 64 ＋ 180 k ＋ a （ k ＝ 0、1、2 ⋯）

　　即 A － 64 ＝ 180 k ＋ a

　　　　a 為 A － 64 除以 180 的餘數

　　寫成同餘式：

　　　　A － 64 ≡ a （ **mod** 180 ）　　　　　　(1)

　　求得 a 以後，

　　　　A － a ＝ 64 ＋ 180 k　為上元甲子　　　(2)

例　1991 年（從農曆正月初一，即陽曆 2 月 15 日算起）定
盤。

由(1)式　1991 － 64 ≡ 1927 ≡ 127（mod 180）

即　**a** ＝ 127

由(2)式　A － a ＝ 1991 － 127 ＝ 1864　為上元甲子

1864 ＋ 60 ＝ 1924　為中元甲子

1924 ＋ 60 ＝ 1984　為下元甲子

則　1984 —甲子

1985 —乙丑

1986 —丙寅

· · · · · · · · · · · · · · ·

查「年干支與上中下三元陰遁對應表」之「下元」盤，1991
為辛未年，陰九局。再查「地盤＋八局九干分布表」，按此構造
1991 年地盤：

癸 4	戊 9	丙 2
丁 3	壬 5	庚 7
己 8	乙 1	辛 6

㈡月盤十個月一局。一年十二月，十與十二的最小公倍數是
六十，六十個月即五年，五年一元，一元六局。月盤用陰遁，六

局與陰遁九局完全對應，六與九的最小公倍數是十八，即十八局，十八局是上中下三元的一大循環。十八局爲十五年。又，月干支與年干支相關聯，六十年是十五年的四倍，即六十年有四個上中下三元的大循環。

　　［10月、12月］＝60月

　　　一局　　一年　　　　｜

　　　　　　　　［6局　9局］＝18局

　　　　　　五年　陰遁　　　　｜

　　　　　　　　　　　　［15年、60年］＝60年

　　　　　　　　　　　　　一甲子　　四大循環

月盤的構造，先由年干支定三元，如下表：

年干＼年支	甲	乙	丙	丁	戊	己	庚	辛	壬	癸
子	上		下		中		中		上	
丑		上		下		下		中		上
寅	中		上		下		下		中	
卯		中		上		上		下		中
辰	下		中		上		上		下	
巳		下		中		中		上		下
午	上		下		中		中		上	
未		上		下		下		中		上
申	中		上		下		下		中	
酉		中		上		上		下		中
戌	下		中		上		上		下	
亥		下		中		中		上		下

次依下表由月干支定局（月盤用陰局）：

三元	月干\月支	甲	乙	丙	丁	戊	己	庚	辛	壬	癸
上	子	2		9		8		7		6	
	丑		2		9		8		7		6
	寅	6		1		9		8		7	
	卯		6		1		9		8		7
	辰	7		5		1		9		8	
	巳		7		5		1		9		8
	午	8		6		5		1		9	
	未		8		6		5		1		9
	申	9		7		6		5		1	
元	酉		9		7		6		5		1
	戌	1		8		7		6		5	
	亥		1		8		7		6		5
中	子	5		3		2		1		9	
	丑		5		3		2		1		9
	寅	9		4		3		2		1	
元	卯		9		4		3		2		1
	辰	1		8		4		3		2	
	巳		1		8		4		3		2

續

三元	月支＼月干	甲	乙	丙	丁	戊	巳	庚	辛	壬	癸
中	午	2		9		8		4		3	
	未		2		9		8		4		3
	申	3		1		9		8		4	
	酉		3		1		9		8		4
元	戌	4		2		1		9		8	
	亥		4		2		1		9		8
下	子	8		6		5		4		3	
	丑		8		6		5		4		3
	寅	3		7		6		5		4	
	卯		3		7		6		5		4
	辰	4		2		7		6		5	
	巳		4		2		7		6		5
	午	5		3		2		7		6	
	未		5		3		2		7		6
	申	6		4		3		2		7	
元	酉		6		4		3		2		7
	戌	7		5		4		3		2	
	亥		7		5		4		3		2

例　1991 年 2 月 15 日（農曆正月初一）————1992 年

　　2 月 3 日（農曆十二月三十日）爲辛未年，查表爲中元

　　（定位）。

[定局]：正　月，庚寅，陰二局。

　　　　二　月，辛卯，陰二局。

　　　　三　月，壬辰，陰二局。

　　　　四　月，癸巳，陰二局。

　　　　五　月，甲午，陰二局。

　　　　六　月，乙未，陰二局。

　　　　七　月，丙申，陰一局。

　　　　八　月，丁酉，陰一局。

　　　　九　月，戊戌，陰一局。

　　　　十　月，己亥，陰一局。

　　　　十一月，庚子，陰一局。

　　　　十二月，辛丑，陰一局。

正月—六月地盤：　　　　　　　　七月—十二月地盤：

丙　4	庚　9	戊　2
乙　3	丁　5	壬　7
辛　8	己　1	癸　6

丁　4	己　9	乙　2
丙　3	癸　5	辛　7
庚　8	戊　1	壬　6

　　㈢日盤一日一局，六十局為一元，三元一百八十局。冬至→
夏至為陽局，冬至最近之甲子日為陽一局（上元起局），冬至後
第二個甲子日為陽七局（中元起局），冬至後第三個甲子日為陽
四局（下元起局）。夏至→冬至為陰局，夏至最近之甲子日為陰
九局（上元起局），夏至後第二個甲子日為陰三局（中元起局），
夏至後第三個甲子日為陰六局（下元起局）。如下之圓圖：

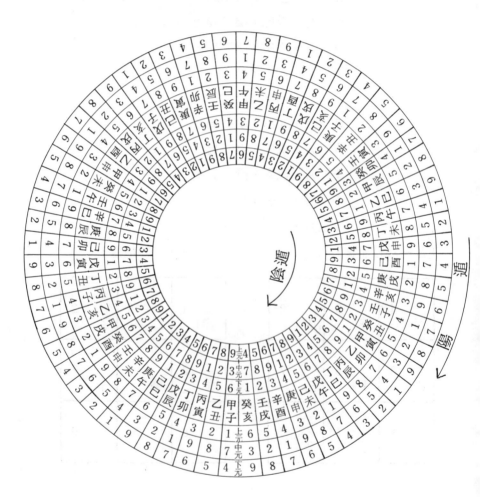

　　例1　1990年2月5日（正月初十），日干支爲辛丑，在近冬至第一甲子後，陽局上元，查表爲陽二局。

　　例2　1991年11月19日（農曆十月十四），日干支爲癸巳。

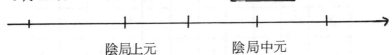

| 癸亥（夏至） | 甲子 | 甲子 | 癸巳 | 甲子 |
| 6月22日 | 6月23日 | 10月21日 | 11月19日 | 2月20日 |

　　　　　　　陰局上元　　　　　陰局中元

　　查表，陰局中元11月19日癸巳爲陰一局。

　　㈣時盤與月盤相似，但時盤分陰局、陽局，且上元起局與二十四節所在宮數（洛書數）相關。十時（20小時）一局，一元六局（五日），三元（十五日）十八局，六十日四個三元。

　　[10時　12時]＝60時
　　一局　　一日　　　　│
　　　　　　　　[6局　9局]＝18局
　　　　　　　　一元　　　　　│
　　　　　　　　　　[15日　60日]＝60日
　　　　　　　　　　三元　一甲子　四個三元

　　構造時盤分三步：

　　　⑴由日干支定上中下三元。

　　　⑵由二十四節氣定三元起局。

　　　⑶由時辰定局。

第一步：查下表，由日干支定上中下三元（相似於由年干支定月盤之上中下三元）。　（表置次頁）

第二步：由二十四節氣定上元起局。二十四節氣按後天八卦布於洛書內，如冬至、小寒、大寒，布於一宮（☵宮），且冬至之上元起局爲一（宮數）。如立春、雨水、驚蟄，

日支＼日干	甲	乙	丙	丁	戊	己	庚	辛	壬	癸
子	上		下		中		中		上	
丑		上		下		下		中		上
寅	中		上		下		下		中	
卯		中		上		上		下		中
辰	下		中		上		上		下	
巳		下		中		中		上		下
午	上		下		中		中		上	
未		上		下		下		中		上
申	中		上		下		下		中	
酉		中		上		上		下		中
戌	下		中		上		上		下	
亥		下		中				上		下

布於八宮（☷宮），立春之上元起局爲八（宮數），以此類推。

　　冬至到夏至爲陽局，陽局之一宮三節氣上元起局順序輪換：（一二三四五六七八九）。如立春爲八，雨水爲九，驚蟄爲一。夏至到冬至爲陰局，陰局之一宮三節氣上元起局逆序輪換：（九八七六五四三二一）。如立秋爲二，處暑爲一，白露爲九。

　　各節氣上中下三元，一元六局，陽局順序推之，陰局逆順推之：

如冬至（陽局）

　　　上元　　　　中元　　　　下元

一二三四五六七八九一二三四五六七八九

如立冬（陰局）

　　　上元　　　　中元　　　　下元

六五四三二一九八七六五四三二一九八七

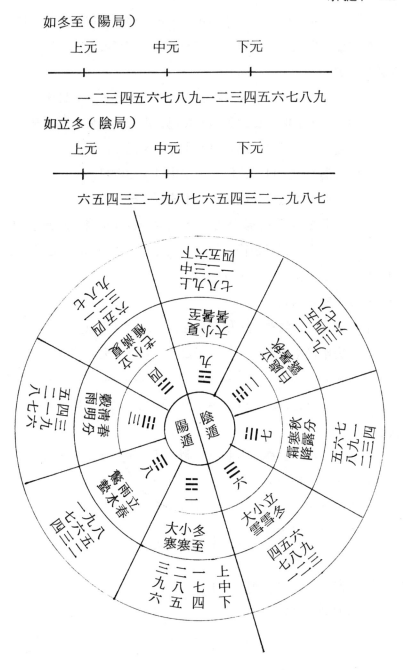

　　以上，由干支定三元（第一步），再由節氣定三元起局。日干支與節氣的關係是「超神」、「接氣」、「正授」、「置閏」。分述如下：

　　［超神］　「甲日」、「己日」簡稱「甲己日」是日干支「甲 x 」與「己 x 」略去支之稱謂。甲己日與三元起局的關係是：

　　上元起局：甲子日、己卯日、甲午日、己酉日。

　　中元起局：甲寅日、己巳日、甲申日、己亥日。

　　下元起局：甲辰日、己未日、甲戌日、己丑日。

　　上元起局之甲子、己卯、甲午、己酉四日又稱為「四仲日」。

　　甲己日在先，節氣在後，謂之「超神」。如 1990 年之正月初三是甲午日，初九立春，則立春之上元起局定在初三（甲午上元起局），超神六天。

　　［接氣］　節氣在先，甲己日在後，謂之「接氣」，如：

　　　　庚申日（立春）　　甲子日（立元之上元起局）

立春之上元起局在後於立春之甲子日，而立春之日（庚申日）是大寒下元。

　　［正授］甲己日與節氣相重，謂之「正授」。如節氣恰在「四仲日」，則正用上元起局。

　　［置閏］，以下例說明，1939 年農曆，其中●表示上元起局。

　　　　正月初八甲午日 ●　　　　｝超神八天
　　　　正月十六驚蟄

　　　　正月廿三己酉日 ●　　　　｝超神八天
　　　　二月初一春分

二月初八甲子日 ●
二月十七清明　　　〕超神九天

二月廿三己卯日 ●
三月初二穀雨　　　〕超神九天

三月初九甲午日 ●
三月十七立夏　　　〕超神九天

三月廿三己酉日 ●
四月初四小滿　　　〕超神十天

四月初九甲子日 ●
四月十九芒種　　　〕超神十天

四月廿四己卯日 ●
五月初六夏至　　　〕超神十一天

五月初十甲午日 ●
五月廿二小暑　　　〕超神十二天

五月廿五己酉日 ●
六月初八大暑　　　〕超神十三天

六月初十甲子日 ●
六月廿三立秋　　　〕超神十三天

六月廿五己卯日 ●
七月初十處暑　　　〕超神十四天

七月十一甲午日 ●
七月廿五白露　　　〕超神十四天

按此計算，則超神天數愈累積愈長，長到十三天或十四天的程度。
這時就需要「置閏」。置閏點設在芒種、夏至之間，及大雪、冬
至之間，僅此兩點。

這樣改正如下：

四月初九甲子日 ●
四月十九芒種 ⎫ 超神十天

四月廿四己卯日 ● 置閏點，仍用芒種上元起局。所謂「閏」，可以理解爲「重複一遍」。

五月初六夏至
五月初十甲午日 ● ⎫ 接氣四天

五月廿二小暑
五月廿五己酉日 ● ⎫ 接氣三天

六月初八大暑
六月初十甲子日 ● ⎫ 接氣二天

第三步：由時辰定局。一日二十四小時，分爲十二時辰，如23－1時，爲子時（時辰），1－3時爲丑時，3－5時爲寅時………。如果時辰以干支紀，則23－1時爲甲子，爲丙子，爲戊子，爲庚子，爲壬子。而甲子時辰在甲日、己日，丙子時辰在乙日、庚日，戊子時辰在丙日、辛日，庚子時辰在丁日、壬日，壬子時辰在戊日、癸日。這樣，時辰干支與日干發生關係，這種關係歸納如下表：（參照次頁表）

上、中、下三元之起局定在甲日、己日（符頭），時盤爲十時辰一局，表中縱列即以十時辰一局劃分，表中a爲起局局數，以後局數，陽局逐次加一，陰局逐次減一。

a＋5	a＋4	a＋3	a＋2	a＋1	a	陽局	
a－5	a－4	a－3	a－2	a－1	a	陰局	
甲寅 3-5	甲辰 7-9	甲午 11-13	甲申 15-17	甲戌 19-21	甲子 23-1	甲	
乙卯 5-7	乙巳 9-11	乙未 13-15	乙酉 17-19	乙亥 21-23	乙丑 1-3	乙	甲日，己日
丙辰 7-9	丙午 11-13	丙申 15-17	丙戌 19-21	丙子 23-1	丙寅 3-5	丙	
丁巳 9-11	丁未 13-15	丁酉 17-19	丁亥 21-23	丁丑 1-3	丁卯 5-7	丁	乙日，庚日
戊午 11-13	戊申 15-17	戊戌 19-21	戊子 23-1	戊寅 3-5	戊辰 7-9	戊	
己未 13-15	己酉 17-19	己亥 21-23	己丑 1-3	己卯 5-7	己巳 9-11	己	丙日，辛日
庚申 15-17	庚戌 19-21	庚子 23-1	庚寅 3-5	庚辰 7-9	庚午 11-13	庚	
辛酉 17-19	辛亥 21-23	辛丑 1-3	辛卯 5-7	辛巳 9-11	辛未 13-15	辛	丁日，壬日
壬戌 19-21	壬子 23-1	壬寅 3-5	壬辰 7-9	壬午 11-13	壬申 15-17	壬	
癸亥 21-23	癸丑 1-3	癸卯 5-7	癸巳 9-11	癸未 13-15	癸酉 17-19	癸	戊日，癸日

例　1975年正月十九日之時盤。

查萬年曆

初七甲午日● ⎤
　　　　　　⎦超神兩天
初九雨水

十七甲辰日　雨水下元起局，爲陽三局。

十九丙午日

查上表之丙日，則十九日 0 — 11 時爲：

　　a ＋ 2 ＝陽五局

十九日　　11 — 24 時爲：

　　a ＋ 3 ＝陽六局

五、定　　干

地盤（座標）上構造奇儀天盤，稱爲「定干」。用事干支所對應六儀（見六儀十干表），與用事干支之「干」構成「儀——干」對，如用事干支爲「丁酉」，查表六儀爲「辛」，構成「辛——丁」對，相當於地盤之辛「飛」於丁上，其他奇儀順序「飛昇」定位。

例一，陰四局丁酉時定干。如上述構成「辛——丁」對，即陰四局地盤之「辛」飛昇於地盤之「丁」上。其他奇儀，以中宮爲軸心——飛昇旋轉定位。

六儀十干表

十干\六儀	甲	乙	丙	丁	戊	己	庚	辛	壬	癸
戊	甲子	乙丑	丙寅	丁卯	戊辰	己巳	庚午	辛未	壬申	癸酉
己	甲戌	乙亥	丙子	丁丑	戊寅	己卯	庚辰	辛巳	壬午	癸未
庚	甲申	乙酉	丙戌	丁亥	戊子	己丑	庚寅	辛卯	壬辰	癸巳
辛	甲午	乙未	丙申	丁酉	戊戌	己亥	庚子	辛丑	壬寅	癸卯
壬	甲辰	乙巳	丙午	丁未	戊申	己酉	庚戌	辛亥	壬子	癸丑
癸	甲寅	乙卯	丙辰	丁巳	戊午	己未	庚申	辛酉	壬戌	癸亥

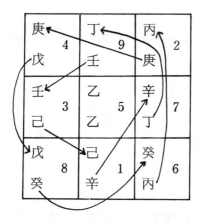

　　如果用事干支所對應之「儀」，恰在中宮，由於算法的決定，中宮爲旋轉軸心，所以所對應「儀」不能飛出，這時用節氣所在宮之干代替所對應之「儀」，如下例。

　　例二，雨水陽五局丁卯時定干。

查六儀十干表丁卯時所對應之儀爲戊，而陽五局地盤之戊恰在中宮，戊不能飛出。查前面圓圖，雨水在八宮，陽五局地盤八宮是辛。借辛構成「辛——丁」對，即辛飛於丁上，其他奇儀，順序飛昇旋轉定位，如下圖：

己　　4	癸　　9	辛　　2
乙	壬	丁
庚　　3	戊　　5	丙　　7
丙	戊	庚
丁　　8	壬　　1	乙　　6
辛	癸	己

同理，由算法決定，用事干支所對應儀也不能飛入中宮，如下例。

例三，白露陰二局丁丑時定干。

陰二局地盤中宮爲丁，丁丑時所對應儀爲己，構成「己——丁」對，但己不能飛入中宮。查前面之圓圖，白露在二宮，地盤二宮爲戊，借戊構成「己——戊」對。即己飛於戊上，其他奇儀順序飛昇旋轉定位。

壬　　4	癸　　9	己　　2
丙	庚	戊
戊　　3	丁　　5	辛　　7
乙	丁	壬
庚　　8	丙　　1	乙　　6
辛	己	癸

又一種狀態，即用事干支爲甲子、甲戌、甲申、甲午、甲辰、

甲寅（稱作「六甲」），時干均爲甲，但甲不屬於奇儀，甲爲太乙，太乙行九宮，隱遁於六儀。此時天盤、地盤相同，類似於數學中之「不動置換類」。

例四，陽八局甲子時定干。

構造陽八局地盤，天盤與地盤同。

癸 癸　4	己 己　9	辛 辛　2
壬 壬　3	丁 丁　5	乙 乙　7
戊 戊　8	庚 庚　1	丙 丙　6

六、定星、定門

靜態星、門位置如下圖：

輔　4 杜	英　9 景	芮　2 死
3 沖　傷	禽　5	柱　7 驚
任　8 生	蓬　1 休	心　6 開

九星排序是：　蓬　芮　沖　輔　禽　心　柱　任　英
　　　　　　　(1)　(2)　(3)　(4)　(5)　(6)　(7)　(8)　(9)

八門排序是：　休　生　傷　杜　景　死　驚　開
　　　　　　　(1)　(8)　(3)　(4)　(9)　(2)　(7)　(6)

下面數字為所在宮數。定星時，九星以九宮序或順或逆運動。定門時，八門以中宮為軸心轉動。

　　[定星]求時干支之符頭（查六儀十干表，「符頭」即時干支所對應之儀）。符頭所在宮之星（靜態）稱為「直符」，直符按九宮序陽順陰逆行至時干所在宮（地盤），其他八星順序行至各宮。

　　例一，陽三局丁卯時。

　　丁卯時符頭為戊，戊在三宮，三宮之星為沖，沖為直符，丁卯時之丁在九宮，即沖由三宮按陽順路線行至九宮：

$$沖\ 3 \to 4 \to 5 \to 6 \to 7 \to 8 \to 9$$

相應：輔 $4 \to 5 \to 6 \to 7 \to 8 \to 9 \to 1$

　　　　禽 $5 \to 6 \to 7 \to 8 \to 9 \to 1 \to 2$

　　　　心 $6 \to 7 \to 8 \to 9 \to 1 \to 2 \to 3$

　　　　柱 $7 \to 8 \to 9 \to 1 \to 2 \to 3 \to 4$

　　　　任 $8 \to 9 \to 1 \to 2 \to 3 \to 4 \to 5$

　　　　英 $9 \to 1 \to 2 \to 3 \to 4 \to 5 \to 6$

　　　　蓬 $1 \to 2 \to 3 \to 4 \to 5 \to 6 \to 7$

　　　　芮 $2 \to 3 \to 4 \to 5 \to 6 \to 7 \to 8$

實際作圖不必寫出全部路徑，寫出如右之首尾矩陣即可，推算極簡單。（圖見次頁）

$$
沖直符 \to
\begin{pmatrix}
3 \\ 4 \\ 5 \\ 6 \\ 7 \\ 8 \\ 9 \\ 1 \\ 2
\end{pmatrix}
\begin{pmatrix}
9 \\ 1 \\ 2 \\ 3 \\ 4 \\ 5 \\ 6 \\ 7 \\ 8
\end{pmatrix}
$$

　　例二，陰五局丙子時定星。

　　丙子時符頭為己（見六儀十干），陰五局地盤時干丙在七宮，而符頭己在四宮。

柱 4　己	⊕ 9　丁	禽 2　乙
心 3　戊	任 5　庚	蓬 7　壬
芮 8　癸	輔 1　丙	英 6　辛

寫出九星行進路徑（陰逆）：

直
符

⊕ 4 → 3 → 2 → 1 → 9 → 8 → 7

禽 5 → 4 → 3 → 2 → 1 → 9 → 8

心 6 → 5 → 4 → 3 → 2 → 1 → 9

柱 7 → 6 → 5 → 4 → 3 → 2 → 1

任 8 → 7 → 6 → 5 → 4 → 3 → 2

英 9 → 8 → 7 → 6 → 5 → 4 → 3

蓬 1 → 9 → 8 → 7 → 6 → 5 → 4

芮 2 → 1 → 9 → 8 → 7 → 6 → 5

沖 3 → 2 → 1 → 9 → 8 → 7 → 6

概括言之，陽局九星行進路線爲九宮順序。陰局九星行進路線爲九宮逆序。但無論陽局、陰局，其首尾矩陣首數字、尾數字皆爲順序，

蓬 4　己	心 9　癸	任 2　辛
英 3　庚	芮 5　戊	⊕ 7　丙
禽 8　丁	柱 1　壬	沖 6　乙

作圖時只要計算出直符之首尾數字，其他八星之首尾數字，即可按順序寫出。如例一，直符沖3→9，例二，直符輔4→7，即可寫出其首尾矩陣：

```
㊀沖  ⎛ 3 → 9 ⎞      ㊀輔  ⎛ 4 → 7 ⎞
輔   ⎜ 4    1 ⎟      禽   ⎜ 5    8 ⎟
禽   ⎜ 5    2 ⎟      心   ⎜ 6    9 ⎟
心   ⎜ 6    3 ⎟      柱   ⎜ 7    1 ⎟
柱   ⎜ 7    4 ⎟      任   ⎜ 8    2 ⎟
任   ⎜ 8    5 ⎟      英   ⎜ 9    3 ⎟
英   ⎜ 9    6 ⎟      蓬   ⎜ 1    4 ⎟
蓬   ⎜ 1    7 ⎟      芮   ⎜ 2    5 ⎟
芮   ⎝ 2    8 ⎠      沖   ⎝ 3    6 ⎠
```

一種特例，時干支如為六甲，即甲子、甲戌、甲申、甲午、甲辰、甲寅，則九星按靜態位置佈局，不必計算。

例三，陰六局甲申時定星。寫出陰六局地盤，九星即以靜態定位。

[定門]時干支符頭所在宮之門（靜態），稱為「直使」。

輔4 庚	英9 丁	芮2 壬
沖3 辛	禽5 己	柱7 乙
任8 丙	蓬1 癸	心6 戊

符頭所在宮為直使運行起點，按時干序陽順，陰逆定位。隨之，其他七門旋轉定位。

中宮不設門，如符頭在中宮，則節氣所在宮之門為使，借入中宮。或二宮之門為直使，借入中宮。二宮為後天八卦坤所在宮。借入後，運行仍如上述。

如按干序直使行進中宮，中宮不能定位，則直使定位移至節

氣所在宮，或移至二宮。

如時干爲六甲，則八門按靜態位置定位。

例一，陰四局辛卯時定門。

辛卯符頭爲庚，庚在二宮，即死門爲直使。直使行進路線是：

二宮→一宮→九宮→八宮→七宮→六宮→五宮→四宮
甲　　乙　　丙　　丁　　戊　　己　　庚　　辛
（辛卯時）

死門定位在四宮，其他門旋轉定位。

例二，冬至，陽四局，庚辰時定門。

庚辰時符頭爲己，陽四局己在中宮，中宮不設門，冬至所在宮爲一宮，一宮爲休門，休門借入中宮爲直使。或二宮之死門借入中宮爲直使。其行進路線是：

戊 4 死	壬 9 驚	庚 2 開
己 3 景	乙 5	丁 7 休
癸 8 杜	辛 1 傷	丙 6 生

五宮→六宮→七宮→八宮→九宮→一宮→二宮
甲　　乙　　丙　　丁　　戊　　己　　庚
（庚辰時）

戊 4 驚	癸 9 開	丙 2 休
乙 3 死	己 5	辛 7 生
壬 8 景	丁 1 杜	庚 6 傷

或

戊 4 杜	癸 9 景	丙 2 死
乙 3 傷	己 5	辛 7 驚
壬 8 生	丁 1 休	庚 6 開

例三，陽六局，戊申時定門。

戊申符頭爲壬，陽六局壬在一宮，一宮是休門，休門爲直使。其行進路線是：

一宮→二宮→三宮→四宮→五宮
　甲　　乙　　丙　　丁　　戊
　　　　　　　　　　　（戊申時）

直使不能進入五宮，設節氣爲雨水，雨水在八宮，則直使休門移至八宮，其他門旋轉定位。

第二法是直使移至二宮（坤宮），其他門旋轉定位。這種定位方法較爲簡便。按此法，則陽六局戊申時定門爲：

丙 4 傷	辛 9 杜	癸 2 景
丁 3 生	乙 5	己 7 死
庚 8 休	壬 1 開	戊 6 驚

丙 4 驚	辛 9 開	癸 2 休
丁 3 死	乙 5	己 7 生
庚 8 景	壬 1 杜	戊 6 傷

七、定　神

八神是：大直符、滕蛇、太陰、六合、勾陳、朱雀、九地、九天。八神中之「直符」容易和前述定星中之直符相混，所以寫作「大直符」，或簡稱一「符」字。八神定位極簡單，分陽局、陰局，其靜態位置如下：

<table>
<tr><td colspan="3" align="center">陽　局</td></tr>
<tr><td>合
4</td><td>陳
9</td><td>雀
2</td></tr>
<tr><td>陰
3</td><td>5</td><td>地
7</td></tr>
<tr><td>蛇
8</td><td>符
1</td><td>天
6</td></tr>
</table>

<table>
<tr><td colspan="3" align="center">陰　局</td></tr>
<tr><td>雀
4</td><td>陳
9</td><td>合
2</td></tr>
<tr><td>地
3</td><td>5</td><td>陰 7</td></tr>
<tr><td>天
8</td><td>符
1</td><td>蛇
6</td></tr>
</table>

定位時，將時干所在宮，置以大直符，其他七神相應旋轉定位。如時干在中宮，且爲陽局，則大直符定位在二宮（坤宮），陰局則大直符定位在八宮（艮宮）。方法不唯一，一說爲無論陽局陰局，如時干在中宮，大直符定位均在二宮。

八、定色（定官）

定色，又稱作定宮。顏色的排序是：一白，二黑，三碧，四

綠，五黃，六白，七赤，八白，九紫。色的定位，可繪製如下圓
盤：

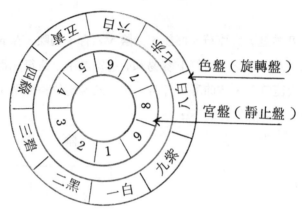

　　旋轉色盤，使某色對準宮盤之中宮，其他色即相應定位。定
色分年盤、月盤、日盤、時盤。

　　［年盤］，將與局數相同的色數對準中宮，如陰一局即將一
白對準中宮，陰二局即將二黑對準中宮，等等。

　　例　　1991 年（辛未）年盤定色。

　　　　根據前述公式：

　　　　　　1991 － 64 ≡ 1927（**mod** 180）

　　　　　　1991 － 127 ＝ 1864 年爲上元甲子年

　　　　　　1864 ＋ 60 ＝ 1924 年爲中元甲子年

　　　　　　1864 ＋ 120 ＝ 1984 年爲下元甲子年

　　查年盤之圓圖，辛未年在下元，爲陰九局。即將九紫對準中
宮，如下圖：（參照次頁上圖）

以中宮顏色定年，1991 年稱作「九紫之年」。

　　〔月盤〕，下表爲年支與
月支交會數字表。將此數字對
準中宮，其他色相應定位。此
表的製定是定義子年寅月爲八
白之月，而後逐月逆推，子年
卯月即爲七赤之月，等等。

八白 4	四綠 9	六白 2
七赤 3	九紫 5	二黑 7
三碧 8	五黃 1	一白 6

年支＼月支	寅	卯	辰	巳	午	未	申	酉	戌	亥	子	丑
子午卯酉	八	七	六	五	四	三	二	一	九	八	七	六
丑未辰戌	五	四	三	二	一	九	八	七	六	五	四	三
寅申巳亥	二	一	九	八	七	六	五	四	三	二	一	九

　　例　丁酉年癸丑月定色。酉，
丑交會數字是六，六入中宮。
其他色數相應定位。

　　〔日盤〕，不論陰局、陽
局，將與局數相同之色數對準
中宮。

五 4	一 9	三 2
四 3	六 5	八 7
九 8	二 1	七 6

　　例　1991 年 12 月 14 日
定色。

　　查萬年曆，1991 年 12 月 14 日是戊午，在夏至後第三個甲子
日，爲陰遁下元，查前述之日盤定局圓圖，戊午日爲陰六局。即
將六白對準中宮，如下圖：

五 4	一 9	三 2
四 3	六 5	八 7
九 8	二 1	七 6

```
六白 → 中宮
七      6
八      7
九      8
一      9
二      1
三      2
四      3
五      4
```

〔時盤〕，下表為日支與時支交會數字表，分陰局和陽局，交會數字即為色數，進入中宮，其他色相應定位。

日支 ＼ 時支	子	丑	寅	卯	辰	巳	午	未	申	酉	戌	亥
陽 子午卯酉	一	二	三	四	五	六	七	八	九	一	二	三
陽 丑未辰戌	四	五	六	七	八	九	一	二	三	四	五	六
陽 寅申巳亥	七	八	九	一	二	三	四	五	六	七	八	九
陰 子午卯酉	九	八	七	六	五	四	三	二	一	九	八	七
陰 丑未辰戌	六	五	四	三	二	一	九	八	七	六	五	四
陰 寅甲巳亥	三	二	一	九	八	七	六	五	四	三	二	一

　　例一，陽局，癸酉日，未時。陽局日支酉，時支未，交會數字為八，八進入中宮，定色如下表：

七 4	三 9	五 2
六 3	八 5	一 7
二 8	四 1	九 6

八　→　中宮
九　　　6
一　　　7
二　　　8
三　　　9
四　　　1
五　　　2
六　　　3
七　　　4

例二，陰局，甲子日，庚午時。陰局日支子，時支午交會數字爲三，三進入中宮，定色如下表：

二 4	七 9	九 2
一 3	三 5	五 7
六 8	八 1	四 6

三　→　中宮
四　　　6
五　　　7
六　　　8
七　　　9
八　　　1
九　　　2
一　　　3
二　　　4

九、地利、人和（象意之一）

奇門遁甲具有天時、地利、人和三要素，且因目的不同而有立向和坐山之別，立向應用於旅遊、遷移、經商等場合，坐山應用於工程的興建等場合。以時間區分，十五日以內的移動（旅行、出差或遷移等）使用時盤；十五日到六個月的移動，使用日盤；

超過六個月的移動使用月盤。

　　奇門遁甲派系很多，本節紹介是其中一派。按此派提法，天時對占卜影響甚微，主要是地利，即地理方位是吉凶判斷的主要因素，地理方位和九宮（定色）的聯繫，是奇門遁甲的時空相，其次是人和，人和指在某方位可獲得他人的協助與合作等等。

　　略去天時盤，這裏紹介人和盤和地利盤。人和盤由兩種宮盤組合構成，即：

　　　時盤：由日宮盤、時宮盤組成。

　　　日盤：由月宮盤、日宮盤組成。

　　　月盤：由年宮盤、月宮盤組成。

例　陰七局，甲子日，庚午時人和盤。

　　日宮盤制定，即不論陰局陽局，將與局數相同之色數（宮數）進入中宮。陰七局，即將「七」進入中宮。

　　時宮盤制定，日支爲子，時支爲午，查前述之表（本章第八節）子午交會數字爲三，「三」進入中宮，其他色相應定位。

　　其中「八」（北方）是人和吉方。

　　爲便於查閱，將北鴻山人著《三元奇門遁甲》人和盤摘抄如下，此表分A組、B組：

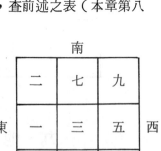

盤╲組	A	B
時盤	日之宮盤	時之宮盤
日盤	月之宮盤	日之宮盤
月盤	年之宮盤	月之宮盤

A

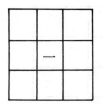

B

南

一	六	八
九	二	四
五	七	㊂

七	三	五
㊅	八	一
二	四	九

東

四	㊈	二
三	五	七
八	一	六

西

北

㊁	㊆	㊈
一	三	五
㊅	㊇	㊃

五	一	三
四	六	八
九	㊁	七

三	八	一
二	四	六
㊆	九	五

九	五	七
八	一	三
四	六	二

六	二	㊃
五	七	九
一	三	八

A

	二	

B

一	六	八
九	二	四
五	七	三

七	三	⑤
六	八	一
二	四	九

南

東 ... 西

四	九	二
三	五	七
⑧	一	六

北

二	七	九
一	三	五
六	八	④

八	四	六
⑦	九	二
三	五	一

五	①	三
四	六	八
九	二	七

③	⑧	①
二	四	⑥
⑦	⑨	⑤

⑨	⑤	⑦
⑧	一	③
四	⑥	二

六	二	四
五	七	九
一	③	八

A

	三	

B

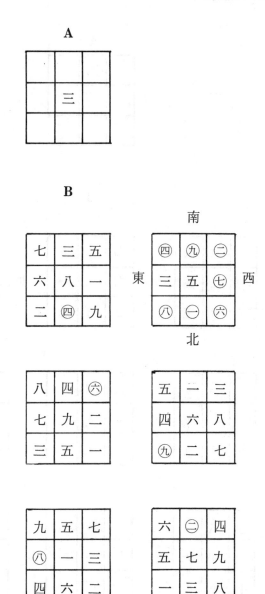

A

	四	

B

一	六	八
㊨九	二	四
五	七	三

七	㊂	五
六	八	一
二	四	九

南

東

四	九	二
三	五	七
八	一	㊅

西

北

㋎	㋍	㊈
㋐	三	㊄
㋋	㊇	四

八	四	六
七	九	二
三	㊄	一

㊄	㋐	㊂
四	六	㊇
㊈	㋎	㋆

三	八	一
二	四	六
七	九	五

九	五	㋆
八	一	三
四	六	二

六	二	四
五	七	九
㋐	三	八

A

	五	

B

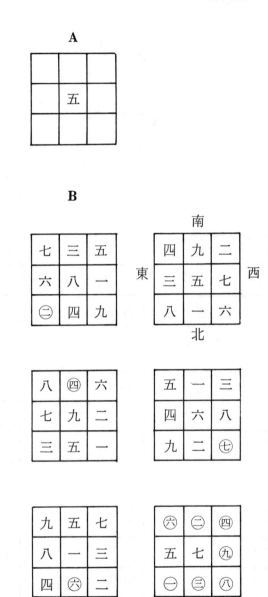

A

	六	

B

一	六	八
九	二	四
五	(七)	三

(七)	(三)	(五)
六	八	(一)
(二)	(四)	九

南

(四)	(九)	(二)
(三)	五	(七)
(八)	(一)	六

東 （左）　西 （右）

北

二	七	(九)
一	三	五
六	八	四

八	四	六
七	九	二
(三)	五	一

五	一	三
四	六	八
九	二	七

三	八	一
(一)	四	六
七	九	五

九	(五)	七
八	一	三
四	六	二

六	二	四
五	七	九
一	三	(八)

A

	七	

B

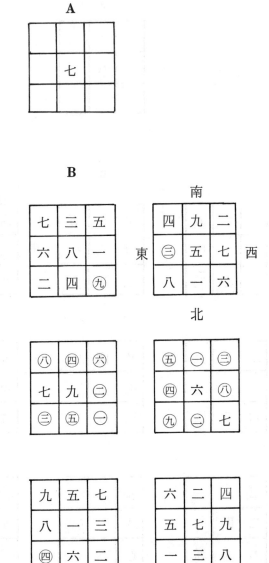

A

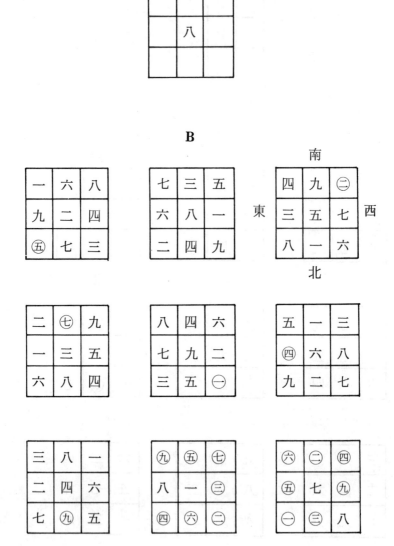

A

B

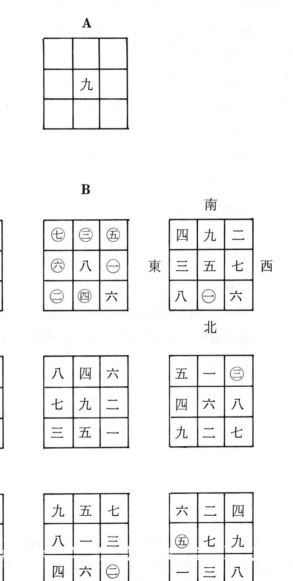

例：求公元 2000 年農曆四月之人和。

按本章第八節計算，1991 年辛未在下元爲陰九局，則：

1991	陰九局
1992	八
1993	七
1994	六
1995	五
1996	四
1997	三
1998	二
1999	一
2000	九

2000 年庚辰爲陰九局，即 **A**－九

年爲庚辰，四月爲辛巳、辰巳交會數字爲二，即 **B**－二，查前表：

A－九　　　　　　**B**－二

　　　　　　　　　　①　⑥　⑧　　　除正東方位

　九　　　　　　九　二　④　　　外，都是人

　　　　　　　　　　⑤　⑦　③　　　和吉方。

其次是六十四卦地利象意判定。有高級判定，從卦畫直接分析，得出意象；有初級判定，即從易卜等書，取既定文辭。本節僅紹介操作方法，不作判定，方法如下：

洛書布入三爻卦（先天八卦），是爲上卦，如圖：

八方位同一下卦，上下卦組成六爻卦。下卦由局數、干支、宮數三參數決定，以空間座標表示，則為（設例為陽七局，時宮盤中宮為四，丙午時，求出下卦為巽）：

兌☱	乾☰	巽☴
離☲		坎☵
震☳	坤☷	艮☶

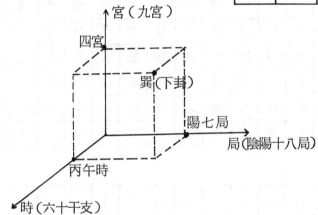

則陽七局，丙午時地利象意盤為：

為便於查閱，將此空間座標化作兩種表格，一為十八局與六十干支表，求出對應一白之卦；一為一白之卦與二黑、三碧、四綠、五黃、六白、七赤、八白、九紫相對應之卦。列二種表格如下。第一表格是「干支、局——一宮下卦表」，此謂「定宮（定色）」為一宮，即「一」進入中宮所對應之下卦。

宮 干支 下卦 局	甲子	甲戌	甲申	甲午	甲辰	甲寅	乙丑	乙亥	乙酉	乙未	乙巳	乙卯
陽一局	坤	坤	坤	坤	坤	坤	兌	兌	艮	坤	坤	震
陽二局	坤	坤	坤	坤	坤	坤	兌	艮	坤	坤	震	巽
陽三局	坤	坤	坤	坤	坤	坤	艮	坤	坤	震	巽	巽
陽四局	坤	坤	坤	坤	坤	坤	坤	坤	震	巽	巽	乾
陽五局	坤	坤	坤	坤	坤	坤	坤	震	巽	巽	乾	兌
陽六局	坤	坤	坤	坤	坤	坤	震	巽	巽	乾	兌	兌
陽七局	坤	坤	坤	坤	坤	坤	巽	巽	乾	兌	兌	艮
陽八局	坤	坤	坤	坤	坤	坤	巽	乾	兌	兌	艮	坤
陽九局	坤	坤	坤	坤	坤	坤	乾	兌	兌	艮	坤	坤

宮 干支 下卦 局	丙寅	丙子	丙戌	丙申	丙午	丙辰	丁卯	丁丑	丁亥	丁酉	丁未	丁巳
陽一局	坎	離	坤	乾	坤	坎	巽	坤	兌	巽	坤	兌
陽二局	離	坤	乾	坤	坎	離	坤	兌	巽	坤	兌	坎
陽三局	坤	乾	坤	坎	離	震	兌	巽	坤	兌	坎	乾
陽四局	乾	坤	坎	離	震	艮	巽	坤	兌	坎	乾	離
陽五局	坤	坎	離	震	艮	坎	坤	兌	坎	乾	離	巽
陽六局	坎	離	震	艮	坎	離	兌	坎	乾	離	巽	坤
陽七局	離	震	艮	坎	離	坤	坎	乾	離	巽	坤	兌
陽八局	震	艮	坎	離	坤	乾	乾	離	巽	坤	兌	巽
陽九局	艮	坎	離	坤	乾	坤	離	巽	坤	兌	巽	坤

一宮下局＼干支卦	戊辰	戊寅	戊子	戊戌	戊申	戊午	己巳	己卯	己丑	己亥	己酉	己未
陽一局	坤	坎	乾	離	坤	艮	震	艮	震	艮	坤	離
陽二局	坎	乾	離	坤	艮	震	艮	震	艮	坤	離	乾
陽三局	乾	離	坤	艮	震	艮	震	艮	坤	離	乾	坎
陽二局	離	坤	艮	震	艮	震	艮	坤	離	乾	坎	坤
陽五局	坤	艮	震	艮	震	坤	坤	離	乾	坎	坤	震
陽六局	艮	震	艮	震	坤	坎	離	乾	坎	坤	震	艮
陽七局	震	艮	震	坤	坎	乾	乾	坎	坤	震	艮	震
陽八局	艮	震	坤	坎	乾	離	坎	坤	震	艮	震	艮
陽九局	震	坤	坎	乾	離	坤	坤	震	艮	震	艮	坤

一宮下局＼干支卦	庚午	庚辰	庚寅	庚子	庚戌	庚申	辛未	辛巳	辛卯	辛丑	辛亥	辛酉
陽一局	離	乾	坎	兌	坤	巽	艮	震	離	坎	坤	乾
陽二局	乾	坎	兌	坤	巽	兌	震	離	坎	坤	乾	坤
陽三局	坎	兌	坤	巽	兌	坤	離	坎	坤	乾	坤	離
陽四局	兌	坤	巽	兌	坤	巽	坎	坤	乾	坤	離	坎
陽五局	坤	巽	兌	坤	巽	離	坤	乾	坤	離	坎	艮
陽六局	巽	兌	坤	巽	離	乾	乾	坤	離	坎	艮	震
陽七局	兌	坤	巽	離	乾	坎	坤	離	坎	艮	震	離
陽八局	坤	巽	離	乾	坎	兌	離	坎	艮	震	離	坎
陽九局	巽	離	乾	坎	兌	坤	坎	艮	震	離	坎	坤

宮　干支下卦　局	壬申	壬午	壬辰	壬寅	壬子	壬戌	癸酉	癸未	癸巳	癸卯	癸丑	癸亥
陽一局	乾	巽	坤	乾	坤	坤	坤	坤	坤	坤	坤	坤
陽二局	巽	巽	乾	坤	坤	艮	坤	坤	坤	坤	坤	坤
陽三局	巽	震	坤	坤	艮	兌	坤	坤	坤	坤	坤	坤
陽四局	震	坤	坤	艮	兌	兌	坤	坤	坤	坤	坤	坤
陽五局	坤	坤	艮	兌	兌	乾	坤	坤	坤	坤	坤	坤
陽六局	坤	艮	兌	兌	乾	巽	坤	坤	坤	坤	坤	坤
陽七局	艮	兌	兌	乾	巽	巽	坤	坤	坤	坤	坤	坤
陽八局	兌	兌	乾	巽	巽	震	坤	坤	坤	坤	坤	坤
陽九局	兌	乾	巽	巽	震	坤	坤	坤	坤	坤	坤	坤

宮／局 干支下卦	甲子	甲戌	甲申	甲午	甲辰	甲寅	乙丑	乙亥	乙酉	乙未	乙巳	乙卯
陰一局	坤	坤	坤	坤	坤	坤	乾	兌	兌	艮	坤	坤
陰二局	坤	坤	坤	坤	坤	坤	巽	乾	兌	兌	艮	坤
陰三局	坤	坤	坤	坤	坤	坤	巽	巽	乾	兌	兌	兌
陰四局	坤	坤	坤	坤	坤	坤	震	坎	巽	乾	兌	兌
陰五局	坤	坤	坤	坤	坤	坤	坤	震	巽	巽	乾	兌
陰六局	坤	坤	坤	坤	坤	坤	坤	坤	震	巽	巽	乾
陰七局	坤	坤	坤	坤	坤	坤	艮	坤	坤	坤	巽	巽
陰八局	坤	坤	坤	坤	坤	坤	兌	艮	坤	坤	震	巽
陰九局	坤	坤	坤	坤	坤	坤	兌	兌	艮	坤	坤	震

宮／局 干支下卦	丙寅	丙子	丙戌	丙申	丙午	丙辰	丁卯	丁丑	丁亥	丁酉	丁未	丁巳
陰一局	艮	坎	離	坤	巽	坤	離	巽	坤	兌	離	坤
陰二局	震	艮	坎	離	坤	乾	乾	離	巽	坤	兌	巽
陰三局	離	震	艮	坎	離	坤	坎	乾	離	巽	坤	兌
陰四局	坎	兌	震	艮	坎	離	兌	艮	乾	離	巽	坤
陰五局	坤	坎	離	震	艮	坎	坤	兌	坎	乾	離	巽
陰六局	乾	坤	坎	離	震	艮	巽	坤	兌	坎	乾	離
陰七局	坤	乾	坤	坎	離	震	兌	巽	坤	兌	坎	乾
陰八局	離	坤	乾	坤	坎	離	坤	兌	巽	坤	兌	坎
陰九局	坎	離	坤	乾	坤	坎	巽	坤	兌	巽	坤	兌

一宫局\干支下卦	戊辰	戊寅	戊子	戊戌	戊申	戊午	己巳	己卯	己丑	己亥	己酉	己未
陰一局	震	坤	坎	乾	艮	坤	坤	震	艮	震	兌	坤
陰二局	艮	震	坤	坎	乾	離	坎	坤	震	艮	震	艮
陰三局	震	艮	震	坤	坎	乾	乾	坎	坤	震	艮	震
陰四局	艮	離	艮	震	坤	坎	離	巽	坎	坤	震	艮
陰五局	坤	艮	震	艮	震	坤	坤	離	乾	坎	坤	震
陰六局	離	坤	艮	震	艮	震	艮	坤	離	乾	坎	坤
陰七局	乾	離	坤	艮	震	艮	震	艮	坤	離	乾	坎
陰八局	坎	乾	離	坤	艮	震	艮	震	艮	坤	離	乾
陰九局	坤	坎	乾	離	坤	艮	震	艮	乾	艮	坤	離

一宫局\干支下卦	庚午	庚辰	庚寅	庚子	庚戌	庚申	辛未	辛巳	辛卯	辛丑	辛亥	辛酉
陰一局	巽	離	乾	坎	坎	坤	坎	艮	震	離	震	坤
陰二局	坤	巽	離	乾	坎	兌	離	坎	艮	震	離	坎
陰三局	兌	坤	巽	離	乾	坎	坤	離	坎	艮	震	離
陰四局	巽	乾	坤	巽	離	乾	乾	坤	離	坎	艮	震
陰五局	坤	巽	兌	坤	巽	離	坤	乾	坤	離	坎	艮
陰六局	兌	坤	巽	兌	坤	巽	坎	坤	乾	坤	離	坎
陰七局	坎	兌	坤	坤	兌	坤	離	坎	坤	乾	坤	離
陰八局	乾	坎	兌	坤	巽	兌	震	離	坎	坤	乾	坤
陰九局	離	乾	坎	兌	坤	巽	艮	震	離	坎	坤	乾

宮局 干支下卦	壬申	壬午	壬辰	壬寅	壬子	壬戌	癸酉	癸未	癸巳	癸卯	癸丑	癸亥
陰一局	兌	乾	巽	巽	坤	坤	坤	坤	坤	坤	坤	坤
陰二局	兌	兌	乾	巽	巽	震	坤	坤	坤	坤	坤	坤
陰三局	艮	兌	兌	乾	巽	巽	坤	坤	坤	坤	坤	坤
陰四局	坤	坤	兌	兌	乾	巽	坤	坤	坤	坤	坤	坤
陰五局	坤	坤	艮	兌	兌	乾	坤	坤	坤	坤	坤	坤
陰六局	震	坤	坤	艮	兌	兌	坤	坤	坤	坤	坤	坤
陰七局	巽	乾	坤	坤	艮	兌	坤	坤	坤	坤	坤	坤
陰八局	巽	巽	震	坤	坤	艮	坤	坤	坤	坤	坤	坤
陰九局	坤	巽	巽	震	坤	坤	坤	坤	坤	坤	坤	坤

第二表格是「一宮下卦 —— 各宮下卦對應表」。從第一表格查出某局，某干支之一宮盤下卦，則從此表求出其他宮盤下卦。

各宮下卦 / 宮下卦	一白	二黑	三碧	四綠	五黃	六白	七赤	八白	九紫
乾	乾	震	坎	艮	☆	兌	離	巽	坤
兌	兌	坤	巽	坎	☆	離	震	乾	艮
離	離	艮	乾	巽	☆	震	坤	兌	坎
震	震	坎	兌	乾	☆	坤	艮	離	巽
巽	巽	離	艮	坤	☆	乾	兌	坎	震
坎	坎	兌	坤	震	☆	巽	乾	艮	離
艮	艮	乾	震	離	☆	坎	巽	坤	兌
坤	坤	巽	離	兌	☆	艮	坎	震	乾

其中五宮之下卦，以星號☆表示，陰局☆爲艮，陽局☆爲兌。其他各宮不分陰局，陽局。附帶說明一下，洛書所示宮數，即太乙行九宮次序圖，以阿拉伯數字，即１２……９表示宮數，是固定宮號。但一般所指九宮，是一白，二黑，……九紫，或稱一宮，二宮，……九宮，是隨時間變動的。本書即以一、二……九數字表示，以示區別。又上表所示宮，是指某宮進入中宮之宮盤，如四宮，即「四」進入中宮，七宮，即「七」進入中宮。五宮，即「五」進入中宮，這時兩種數字重合。

下面舉求地利之下卦實例。

例一，1942年（壬午）陰曆十二月十八日（辛巳）丙午時地

利盤。

　　日支巳，時支午，巳午交會數字爲四，即四宮盤。查萬年曆，十二月十八日是大寒上元，丙午時爲陽七局。

　　由第一表查出陽七局，丙午時一宮下卦爲離。由第二表，離與四宮交會爲巽，即所求地利盤之下卦。

　　例二，1991年（辛未）陰曆七月（丙申）之地利盤。

　　由年干支查出爲中元之局，再由月干支查出爲陰一局。年支爲未，月支爲申，查表未申交會爲八，即七月是八白（八宮）之月。

　　由第一表查出，陰一局，丙申月一宮下卦爲坤。由第二表查出坤與八宮交會爲震，即所求地利盤之下卦爲震：

十、天地盤十干之組合（象意之二）

　　天盤、地盤十干組合判定，本節所介紹仍是初步的，主要說明一種易卜方法。學問貴在起步，奇門遁甲術派林立，很難求得一致法則，但有起步的掌握，即可深入研究下去。其次，奇門遁甲所表現的象意，因目的不同，吉凶判定有很大差異，如適合於結婚的某方位，反而不利於買賣交易。所以下述表格十干組合判定僅是一般性的。

　　十干組合，賦以一定名稱，如天盤爲丙，地盤爲戊，「丙一戊」稱作「月奇得使」，使用此方位，就會有謀有利。如天盤爲

丁，地盤爲己，「丁—己」稱作「星墮勾陳」，使用此方位往往很不利。研究這些名稱，如同研究《周易》的卦爻辭。當時卜筮，卦爻之實錄文辭，成千累萬計，而總結出來的極其有限，奇門遁甲文辭也如是，二者都是綜合歸納的結論。當然，《周易》卦及卦爻辭，加以《易傳》是中國文化的精粹，《周易》是哲學，而奇門遁甲是「術」，是易卜，是驗證易象之學。二者區別如此。

　　首先舉十干組合判定的實例：

　　例一，陰九局甲子時盤。

　　甲子時符頭爲「戊」（查本章第五節六儀十干表，「符頭」即六儀）符頭，即甲「符頭—時干」對即「戊—甲」或「戊—戊」。構造時盤，盤中○表示吉方，×表示凶方。

癸　4 癸×	㊟戊 | ㊟戊○　9	丙　2 丙×
丁　3 丁○	壬　5 壬	庚　7 庚×
己　8 己×	乙　1 乙×	辛　6 辛×

　　例二，陰九局乙丑時盤。

　　乙丑符頭爲「戊」，構成「戊—乙」對，符頭戊即甲。

例三，陰九局壬子時時盤。

　壬子符頭爲壬，壬即甲，地盤中宮之壬爲甲，符頭可進入中宮，構成「壬—壬」對。舉例一之時盤比較，正南方位例一爲○（取甲—甲象意）本例爲×（取戊—戊象意）。

例四，陰六局己巳時時盤。

　己巳時符頭爲戊（即甲），構成「戊—己」對，地盤巳居中

宮，但非甲、戊不能進入中宮，寄坤宮（二宮），從而構成「戊
一壬」對。

　　前述天盤定干寄宮與節氣有關，這裏寄坤宮是別一法，例三
述如中宮地盤為符頭（即甲），則可進入，實際構成「符頭一符
頭」對，亦此法則。

壬 ×4 庚	乙 ○9 丁	⊕甲 ｜ ×2 ㊤
丁 ×3 辛	己 5 己	癸 ×7 乙
庚 ○8 丙	辛 ×1 癸	丙 ○6 ㊎甲

　　例五，陰六局庚辰時時盤。

　　庚辰符頭為己（即甲），構成「己一庚」對，但己不能飛出
中宮，借坤宮之壬，構成「壬一庚」對，「借坤宮」亦別一法。

㊤ ｜ ×4 ㊎	乙 ○9 丁	戊 ○2 壬
丁 ×3 辛	㊒甲 5 ㊒甲	癸 ×7 乙
庚 ○8 丙	辛 ×1 癸	丙 ○6 戊

例六，丁酉年癸丑月月盤。

按本章第四節的方法，先由年干支定三元，丁酉爲上元，次由月干支定局，癸丑爲陰六局。癸丑符頭爲壬，構成㊒一㊏對：（如右）

癸 　×4 庚	丙 　○9 丁	辛 　×2 ㊒甲
戊 　×3 辛	己 　5 己	庚 　×7 乙
乙 　○8 丙	㊒甲 丨○1 ㊏	丁 　○6 戊

爲便於查閱，天地盤十干組合判定列表如下，然後加以定名。

天地盤十干判定表

天盤\地盤	甲	乙	丙	丁	戊	己	庚	辛	壬	癸
甲	○	○	○	○	×	×	×	×	×	○
乙	○	×	○	○	○	○	×	×	×	×
丙	○	○	×	○	○	×	○	○	×	○
丁	○	○	○	○	○	○	○	○	○	×
戊	×	○	○	○	×	○	×	○	○	×
己	○	○	○	×	×	×	×	×	×	×
庚	×	×	×	○	×	×	×	×	×	×
辛	×	×	○	×	×	×	×	×	×	×
壬	×	○	×	○	○	×	×	×	×	×
癸	○	×	×	×	×	×	×	×	×	×

定名

甲一甲〇	雙木成材	甲一己〇	根制鬆土
甲一乙〇	藤蘿絆木	甲一庚×	飛宮砍伐
甲一丙〇	青龍返首	甲一辛×	木棍碎片
甲一丁〇	乾柴烈火	甲一壬×	隻帆漂洋
甲一戊×	禿山孤木	甲一癸〇	樹根露水
乙一甲〇	錦上添花	乙一己〇	日奇得使
乙一乙×	伏吟雜草	乙一庚×	日奇披刑
乙一丙〇	三奇順遂	乙一辛×	青龍逃走
乙一丁〇	三奇相佐	乙一壬〇	荷葉蓮花
乙一戊〇	鮮花名瓶	乙一癸×	綠野朝露
丙一甲〇	飛鳥跌穴	丙一己〇	大地普照
丙一乙〇	豔陽麗花	丙一庚×	熒惑入白
丙一丙×	伏吟洪光	丙一辛〇	日月相會
丙一丁〇	三奇順遂	丙一壬×	江暉相映
丙一戊〇	月奇得使	丙一癸×	黑雲遮日
丁一甲〇	青龍轉光	丁一己×	星墮勾陳
丁一乙〇	燒田種作	丁一庚〇	火鍊真金
丁一丙〇	嫦娥奔月	丁一辛×	燒毀珠玉
丁一丁〇	兩火成炎	丁一壬〇	星奇得使
丁一戊〇	有火有爐	丁一癸×	朱雀投江

戊一甲×	巨石壓木	戊一己×	戊入不利
戊一乙○	青龍合靈	戊一庚×	懷才不遇
戊一丙○	日出東山	戊一辛×	青龍捏折
戊一丁○	火燒赤壁	戊一壬○	山窮水復
戊一戊×	伏吟峻山	戊一癸×	岩石浸蝕

己一甲×	激流孤舟	己一己×	伏吟干格
己一乙○	逢蓬消難	己一庚×	色情墮落
己一丙×	火孛地戶	己一辛×	遊魂入墓
己一丁○	朱雀入墓	己一壬×	莫測地網
己一戊○	吉門逢吉	己一癸×	地刑玄武

庚一甲×	伏宮摧殘	庚一己×	官符刑格
庚一乙×	太白逢星	庚一庚×	伏吟戰格
庚一丙○	火孛地戶	庚一辛×	交通事故
庚一丁○	朱雀入墓	庚一壬×	耗敗小格
庚一戊×	逢吉門吉	庚一癸×	反吟大格

辛一甲×	月下花影	辛一己×	入獄自刑
辛一乙×	白虎猖狂	辛一庚×	白虎入格
辛一丙○	大利戒折	辛一辛×	伏吟相剋
辛一丁○	獄神得奇	辛一壬×	寒塘月影
辛一戊×	反吟被傷	辛一癸×	天牢華蓋

壬一甲×	浪中孤舟	壬一己×	凶蛇入獄

壬—乙×	逐水桃花	壬—庚×	太白擒蛇
壬—丙×	日落西山	壬—辛×	滕蛇相纏
壬—丁○	壬合星奇	壬—壬×	伏吟地網
壬—戊○	小蛇化龍	壬—癸×	幼女姦淫

癸—甲○	楊柳甘露	癸—己×	華蓋地戶
癸—乙×	梨花春雨	癸—庚×	太白入網
癸—丙○	華蓋孛師	癸—辛×	陰盛陽衰
癸—丁×	滕蛇妖嬌	癸—壬×	沖天奔地
癸—戊○	天乙會合	癸—癸×	伏吟天羅

十一、八門判定（象意之三）

㈠門格

吉門	生、開、休
次吉門	景
凶門	傷、驚、死、杜

八門吉格表

八門	天盤	地盤	八神	所進入宮	格名
生	丙	戊、丁			天遁
開	乙	己			地遁
休	丁		太陰		人遁

續

八門	天盤	地盤	八神	所進入宮	格名
生、開、休	乙			巽宮	風遁
生、開、休	乙			坤宮	雲遁
開	乙			乾宮	龍遁
生	乙			艮宮	虎遁
生	丙		九天		神遁
開	丁		九地		鬼遁
景	戊	癸			戊化龍升
休	乙、丙、丁		九天		三奇飛升
生	乙、丙、丁		太陰		三奇靜成
直使	丁				玉女守門

八門凶格表

八　門	天盤	地盤	格　名
傷、驚、死、杜	庚	辛	太白入鄉
傷、驚、死、杜	辛	庚	白虎入白
傷、驚、死、杜	壬	癸	玄武入鄉
傷、驚、死、杜	癸	壬	玄武入廟

㈡宮門五行生剋

宮按洛書序排列，且賦於五行義，爲：坎1水，坤2土，震3木，巽4木，乾6金，兌7金，艮8土，離9火。

八門賦於五行義爲休水、死土、傷木、杜木、開金、驚金、生土、景火。

宮爲固定位置，門在運轉，二者相對變化，形成五行生剋關係如下圖：

定義：伏、迫、制、和、義。

如休門在坎1宮，水＝水爲「伏」

如驚門在震3宮，或巽4宮

　　　驚門（金）——剋→震3宮，巽4宮（木）

　　　　　門剋宮爲「迫」

如開門在離9宮，

　　　開門（金）←剋——離9宮（火）

　　　　　宮剋門爲「制」

如景門在坤2宮或艮8宮，

景門（火）$\xrightarrow{\text{生}}$坤2宮，艮8宮（土）
門生宮爲「和」

如杜門在坎1宮，

杜門（木）$\xleftarrow{\text{生}}$坎1宮（水）
宮生門爲「義」

門宮吉凶判定如下表：

門＼宮	坎1	坤2	震3	巽4	乾6	兌7	艮8	離9
休	伏〇	制	和〇	和(x)	義〇	義	制△	迫(x)
死	迫✕	伏✕	制✕	制✕	和△	和	伏△	義△
傷	義	迫✕	伏✕	伏✕	制✕	制✕	迫✕	和△
杜	義△	迫✕	伏✕	伏✕	制(〇)	制✕	迫✕	和△
開	和〇	義〇	迫(x)	迫(x)	伏〇	伏✕	義〇	制(x)
驚	和△	義(x)	迫✕	迫✕	伏△	伏△	和△	制✕
生	迫(x)	伏△	制△	制△	和〇	和〇	伏〇	義〇
景	制△	和△	義△	義△	迫(x)	迫(x)	和〇	伏△

門卦判定除五行生剋義外，還有下節介紹的八卦義，二者相爲補充。以五行義言，基本判定原則爲：

吉門迫制，吉事不成　△。

凶門迫制，則凶　　　✕。

吉門和義，其吉益吉　〇。

凶門和義，其凶不凶　△。

但有若干例外，如景門在兌，休門在離，生門在坎，開門在震爲凶(×)。表中凡例外的判定，均括以括號。

㈢卦象判定

以門代表的卦爲上卦，以宮卦爲下卦，組合成六十四卦，如開門（☰）在震宮（☳），則組合成无妄（䷘）。奇門遁甲術和《周易》卦象聯繫起來，這樣術數再加以卦象，就超越單純的術數模式。下面以无妄卦爲例。

如何觀象，如何解象，這是掌握《周易》的兩個基本問題。首先談如何觀象，觀象一般需要考慮下列幾種要素：卦位、卦象、爻位、爻象、卦序、互卦、以及錯卦、綜卦。如爻位是講爻在卦中的位次：

— 一三五爲陽，二四六爲陰，合於此者爲「當位」。

— 五六爻象徵天道的陰陽，五爲陽，六爲陰；一二爻象徵地道的陰陽，一爲陽，二爲陰；三四爻象徵人道的陰陽，三爲陽，四爲陰。

—上位、中位、下位、同位，重卦由兩個單卦組成，單卦的三爻中，上爲上位，中爲中位，下爲下位。在重卦中，一四爻是下位，二五爻是中位，三六爻是上位，因此又稱一四爻同位，二五爻同位，三六爻同位。

—同位之爻一陰一陽，謂之同位相應。此爲天地陰陽相應（天道、地道），國家君臣相應，家庭男女相應，象徵「恒久」。

—同位之爻或同爲陰，或同爲陽，剛剛對立，柔柔對立，稱爲同位敵應。象徵上下不應，不能合作。

—柔從剛：陰爻在陽爻之下。爲吉。

── 柔乘剛：陰爻在陽爻之上。爲反常。

具體到无妄☰☰。

初爻爲陽，當位。三爻爲陰，不當位。上爻爲陽，不當位。五爻爲上封之中位，又爲陽爻，是爲中正。

又如互卦，是從一個重卦中看出另外一些卦象來，有兩種情況：

── 看二爻至四爻，或三爻至五爻。

── 從整體看，兩爻或多爻看作一種爻象。

如中孚☴☴，可以看作大離。

如大壯☳☳，可以看作大兌。

具體到无妄☰☰，上卦爲乾☰，下卦爲震☳，二至四爻互卦爲艮☶，三至五爻互卦爲巽☴。

第二個問題是如何解象，更廣泛的理解是如何解卦象、卦名、卦辭、爻辭。這裏筆者引用著名學者王樹枏、尚秉和、以及《焦氏易林》的一些提法。

王樹枏《費氏古易訂文》云：

☰☰无妄

釋文云：馬鄭王肅皆云，妄猶望。謂無所希望也。史記春申傳云：世有毋望之福，又有毋望之禍，今君處毋望之世，事毋望之主，安可以無毋望之人乎。索隱云：周易有无妄卦，其義殊也。案，望妄同音相借。大戴禮文王官人篇，故得望譽，望譽即妄譽。而盧辯注云，妄當聲誤爲望。不知妄望古蓋通用。史遷受易於楊何，而无妄作毋望。馬鄭

亦用楊何之義，而妄讀爲望。

王樹枏又從《漢書・律歷志》考證「无妄之應」，文字較長，這裏不便引用。近世研究費氏易有兩家，「一爲桐城馬氏，一爲王氏。若律以漢人家法，則王氏較爲得之。」（此評語見黃壽祺《易學群書平議》）王氏研究易學的方法，先從訓詁入手，從積存的歷史材料中，系統的掌握易之本義，而呈露極平易的面相，如无妄，即是「無所希望」之義。

尚秉和《周易尚氏學》云：

　无妄。元亨利貞。其匪正有眚。不利有攸往。
　震巽爲草木爲禾稼，下艮爲火，故焦京王充皆以无妄爲大旱之卦。而乾爲年，巽爲入，年收失望，故曰无妄。元亨者，謂乾元通也，初當位，前臨重陰，五中正，故乾元以通。利貞者，利於貞定也，正亦定也。匪正謂三上，三上不當位，妄動，故有眚，眚病也。巽爲疾病，其匪正有眚者，言不能貞定而躁動，即有眚也。不利有攸往，仍以動爲戒也。震爲決躁，躁動於內，外與剛健遇，必無幸也，故曰不利有攸往。妄，釋文云：馬鄭王肅皆作望，謂無所希望也，按此訓最古。……王陶廬（即王樹枏）云：妄望同音相借。……又无妄災也，以艮火象失傳之故，皆莫知災之自來，而焦京以无妄爲大旱之卦。

尚秉和解卦的主象是：

二至四爻艮 [☶] 三至五爻巽] 震巽爲草木爲禾稼。
艮爲火　　　　　　下卦震

火「燒」禾稼，釋之爲大旱，故无妄是大旱之卦。

艮爲火象，已經失傳，尚氏研究《焦氏易林》從中發現大量已經失傳的卦象。王樹枏評尚著《焦氏易林注》「此書將二千年易家之肓詞囈說，一一駁倒，使西漢易學復明於世」。陳三立給王樹枏信，稱尚著《焦氏易詁》爲「千古絕作」、「今世竟有此人，著此絕無僅有之書，本朝諸儒見之，當有愧色。」以王陳二老宿儒評尚著成就若此。

尚氏謂「西漢釋易之書，其完全無缺者，祇有《焦氏易林》與楊子《太玄》」。筆者案，此爲易學之門徑。尚氏《焦氏易林注・例言》云：「本注意在指明易象，俾學易者有所裨益，以正舊解之誤。」關於艮火象，查《易林》艮卦第五十二：

　　艮☶之需☵根刖樹殘，華葉落去，卒逢火焱，隨風僵仆。

尚氏注：「……艮爲火，重艮故曰焱，焱音豔，班固東都賦：焱焱炎炎。巽風坎陷故仆」。

尚氏在《焦氏易詁》中考證出八純卦有一百七十多象失傳，而推廣之象更有幾千百。失傳之象爲東漢易學家所不知，所以東漢以下解易多誤，艮火象即其一例。

觀象、解象，再例臨卦。

　　☷臨，元亨利貞。至於八月有凶。

從卦辭「八月有凶」祇能從十二辟卦解象。十二辟卦是：

　　☷復，一陽生，建子，十一月。

　　☷臨，二陽生，建丑，十二月。

䷓觀，四陰消陽，建酉，八月。

⸻⸻⸻⸻⸻⸻⸻⸻⸻⸻

䷁坤，六陰消陽，建亥，十月。

臨卦，二陽生，元亨利貞，是十二月卦，元即開始，亨即通，利即有利，貞即正，這是事物的一種向榮狀態。但陰陽的轉化，䷓臨卦的綜卦爲䷓觀，四陰消陽，觀爲八月，故八月有凶。

甲骨文臨字闕。金文臨，林義光云：「從臣，臣屈伏也，臨下必屈其體。（從品），品衆物也，象人俯視衆物形」，所以臨有下視之義，有撫育之義。又䷒二至四爻爲䷲震，震象爲君，君有撫下之義，故卦名爲臨。

《周易》觀象，解象是一種模式。臨卦爲何用十二辟卦求義？又爲何吉凶判定給以時間分劃？筆者臆測，《周易》模式是在當時諸多易卜實例中的綜合歸納，因之帶有一種統計規律性。

一九二五年陰曆七月初七尙秉和對直奉戰事，曾布卦占筮，得：

䷒臨之䷯井

尙云：「臨外卦爲坤，坤爲衆，二至四爻互卦爲震，內卦爲兌，兌爲毀折。即民衆將受到驚擾和損失。臨卦之卦爲井卦，井卦上卦爲水，下卦爲風，風激浪湧，看來戰爭風雲不可避免且本卦臨的卦辭：至於八月有凶。估計戰爭在下月打起來。」又云：「外卦由坤變坎，坤卦的方位是西南，坎卦的方位是北方，必然是戰爭起於西南，最後蔓延到北方來。而且從卦象看，北方的戰禍比南方嚴重得多，井二至四爻互卦爲兌，三至五爻互卦爲離，井上卦爲坎，兌爲毀折，離爲甲胄戈兵，坎爲陰，且兩互卦都和上卦

坎相連，坎爲北方，所以說北方戰禍嚴重。」又云：「外卦由坤變坎，由西南而北方，坤西南地支爲未申，坎北方地支爲子，戰爭既起於酉（陰曆八月），未申接酉，必終於子接丑，丑爲陰曆十二月。」

實際情況是到了八月，時局很平靜，反而沒有人談起戰爭了。尙氏自己也認爲布卦不準，但到了八月二十五日，江浙戰爭急起，奉軍退出蘇皖。戰爭起於西方，吳佩孚爲聯軍總司令。十月中旬，奉軍郭松齡倒戈，直隸總督李景林又向馮軍宣戰，北方戰事劇烈。十一月馮軍打入天津，十二月戰事平息。

尙氏卦例，是一種「感悟」和「直覺」，在千萬卦象中，活變取象，易理判定，使西漢易學復明於世。不敢掠美，筆者所用尙氏臨卦例資料，見廖墨香《周易預測學指南》第二十六頁。

又例同人卦：

☰ 同人於野。亨。利涉大川。利君子貞。

荀爽曰：乾舍於離，相與同居。九家曰：乾舍於離，同而爲日，天日同明，故曰同人。筆者案，離爲日，乾爲天，日附麗於天，是一種極和諧狀態。人事以此取象，人與人處於和諧，即爲「同人」。第二爻爲陰，中正，相應第五爻爲陽，也是中正，卦象爲和諧。人與人和諧，萬事亨通，故判詞爲「亨」。

易林、九家、荀爽，乾又取象爲河，爲海，故亦爲大川。第五爻中正，故「利涉大川」。以人事取象，引申爲君子之德，謂之「乾行」。君子占卜遇此卦有利，即「利君子貞」。

奇門遁甲術以六十四卦卦象作方位判定，就不是簡單的給以吉凶，而是方位術加以哲理的闡釋，這就區別於門宮組合以五行生剋對應的一種純方位術。如開門在震宮，按五行義是「迫」，

即不利，以卦象是大旱之卦，二者判定相同。死門在兌宮，五行義是「和」，組卦為「臨」，是有利向不利的轉化，且「八月有凶」，八月不是定數，是時間區域的估計，即可能在秋季。開門在離宮，五行義是不利，組卦是「同人」，即此方位，如有人和，則轉不利為有利。

奇門遁甲方位術是多元結構，如上述門宮五行生剋是一元，門宮卦象是又一元，此二元判定相輔相成。取象又帶有一定「感悟」和「直覺」，這即是因人、因事的一種條件性，這種條件是必須考慮的。此外是乙、丙、丁三奇的加臨，和三吉神直符（大吉），六合（次吉）、九天（小吉）的加臨，會使不利者不同程度的轉化為有利。相反的五凶神太陰、九地、滕蛇、勾陳、朱雀的加臨，會使有利方位不同程度的轉化為不利。這種多元結構，使占卜者取捨方位，帶有主觀的思考。

最後將門宮組合六十四卦，作表如下：

（上卦）宮 門（下卦）	休 ☵	死 ☶	傷 ☳	杜 ☴	開 ☰	驚 ☱	生 ☶	景 ☲
坎 1 ☵	坎	師	解	渙	訟	困	蒙	未濟
坤 2 ☷	比	坤	豫	觀	否	萃	剝	晉
震 3 ☳	屯	復	震	益	無妄	隨	頤	噬嗑
巽 4 ☴	井	升	恒	巽	姤	大過	蠱	鼎

續

(上卦)宮　門(下卦)	休 ☵	死 ☷	傷 ☳	杜 ☴	開 ☰	驚 ☱	生 ☶	景 ☲
乾6 ☰	需	泰	大壯	小畜	乾	夬	大畜	大有
兌7 ☱	節	臨	歸妹	中孚	履	兌	損	睽
艮8 ☶	蹇	謙	小過	漸	遯	咸	艮	旅
離9 ☲	既濟	明夷	豐	家人	同人	革	賁	離

十二、綜合釋例

　　九星、八門、八卦（宮）、九宮、天干、地支、八神諸元，在綜合判斷中，一是取象，一是依其五行性之生剋、時序中的旺相休囚，以及主客之應，分別說明之。先寫出諸元五行性，如下表（見次頁表）：

　　五行學說，強調宇宙萬物變化不息，雖取象金木水火土五元，但卻象徵千萬事物，千萬事物時刻處在相生相剋之中。王安石《王範傳》提出五行「生變化而行鬼神，往來乎天地之間而不窮」。奇門遁甲正是運用五行學說，考察事物的生剋動態，而給出結論。

　　相生：水生木，木生火，火生土，土生金，金生水。

　　相剋：水剋火，火剋金，金剋木，木剋土，土剋水。

	五行	木	火	土	金	水
1	九星	沖、輔	英	任、禽、芮	心、柱	蓬
2	八門	傷、杜	景	生、死	開、驚	休
3	八卦	震、巽	離	艮、坤	乾、兌	坎
4	九宮	三碧 四綠	九紫	八白、五黃 二黑	六白 七赤	一白
5	天干	甲、乙	丙、丁	戊、己	庚、辛	壬、癸
6	地支	寅、卯	巳、午	辰、丑 戌、未	申、酉	亥、子
7	八神	直符、 六、合	朱雀	勾陳、九地	九天 白虎	太陰 玄武
8	四季	春	夏	四季	秋	冬
9	方位	東	南	中央	西	北

（五行生剋本章前面已述及，並給出圖示）

奇門遁甲造式三層，盤面結構，上盤象天而置九星，中層象人而配布八門，下層象地分域八卦。根據所用事不同，其一般推理原則：

(1)星剋門吉，門剋星凶（例如判斷人事成敗得失）。

⑵門尅宮吉，宮尅門凶（例如出行趨避）。

⑶門宮相生吉，門宮相尅凶（例如建造、遷移）。

例一，年盤——丙午年，某人遷移到某地，西南方向，即坤宮方向。

南

		禽辛 開 坤癸
東				西

北

查本章「天地盤十干判定表」，辛—癸爲「天牢華蓋」爲凶。查「門宮吉凶表」，開門在坤宮爲「義」爲吉。判斷遷移吉凶，坤宮爲土，開門爲金，按第三原則，土生金，即宮生門，門宮相生吉，但遷移爲人事，主要看門是否起作用，天禽爲土，開門爲金，土生金，「生」這裏引申爲控制，星控門，門失去自身的作用。起作用的是「辛—癸」象意，所以綜合判定爲凶。

例二，旅行，月盤——丙午年，丙申月，東北方向。

丙午年爲下元，丙申月爲陰四局（月盤均爲陰局）。

按第二原則，艮宮土尅休門水，宮尅門爲凶；己—癸爲「地刑玄武」爲凶；此宮五黃所在也爲凶。但天沖星爲木，休門爲水，水生木，門尅星爲凶，「生」，「尅」反義，門生星爲吉。此爲凶方，但有吉解之，大凶轉化爲不利。所以綜合判定，此行不太

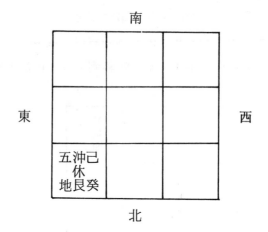

理想，有些麻煩事。

其次是五行及星門的旺相休囚死狀態考察。定義爲：

［旺］處於旺盛狀態。

［相］處於次旺狀態。

［休］旺與衰落之間的過渡狀態。

［囚］衰落狀態。

［死］被克制狀態。

五行、九星、八門的諸狀態列表如下：（見次頁）

	旺	相	休	囚	死
金	七月 八月	三月 六月 九月 十二月	十月 十一月	正月 二月	四月 五月
水	十月 十一月	七月 八月	正月 二月	四月 五月	三月 六月 九月 十二月
木	正月 二月	十月 十一月	四月 五月	三月 六月 九月 十二月	七月 八月
火	四月 五月	正月 二月	三月 六月 九月 十二月	七月 八月	十月 十一月
土	三月 六月 九月 十二月	四月 五月	七月 八月	十月 十一月	正月 二月
天蓬（破軍） 大凶星，水	十月 十一月		七月 八月		
天芮（右弼） 大凶星，土	三月 六月 九月 十二月		四月 五月		
天沖（左輔） 小吉星，木	正月 二月		十月 十一月		

	旺	相	休	囚	死
天輔（武曲） 上吉星，木	正月 二月		十月 十一月		
天禽（廉貞） 上吉星，土	三月 六月 九月 十二月		四月 五月		
天心（文曲） 上吉星，金	七月 八月		三月 六月 九月 十二月		
天柱（祿存） 小凶星，金	七月 八月		三月 六月 九月 十二月		
天任（互門） 小吉星，土	三月 六月 九月 十二月		四月 五月		
天英（貪狼） 小凶星，火	四月 五月		正月 二月		
休門 吉，水	十月 十一月		七月 八月		
生門 吉，土	三月 六月 九月 十二月		四月 五月		

	旺	相	休	囚	死
傷門 凶，木	正月 二月		十月 十一月		
杜門 小凶，木	正月 二月 三月 四月		十月 十一月		
景門 次吉，火	四月 五月		正月 二月		
死門 大凶，土	三月 六月 九月 十二月		四月 五月		
驚門 凶，金	七月 八月		三月 六月 九月 十二月		
開門 吉，金	七月 八月		三月 六月 九月 十二月		

其三是奇門遁甲主客之分。如我去尋人，我爲客，他爲主：

人來尋我，他爲客，我爲主：

如我攻敵人，我爲客，敵爲主：

敵人攻我，敵爲客，我爲主：

敵　　　攻　　　我
————————————→
客　　　　　　　主

　　概括言之，先動者爲客，後動者爲主；又如出兵動衆，以我爲客，至彼地爲主，即以動爲客靜爲主。有云：「善用奇門者，先分主客，亦即有彼此賓主之分，定進退行動之則，藉天時主客之玄機，運籌帷幄，決勝千里」。

　　奇門遁甲術，若以詳論，必出專書探究之。筆者着重於定局定盤，略述象意，寫至此即帶住。

火　珠　林　法

一、京房易卦及納甲法

火珠林法，或稱六爻卦法，是在我國影響最大的一種預卜法。流行於唐宋年間，至明清盛而不衰。

火珠林法，實質是西漢京房的納甲法，歷來被五行家、堪輿家、占筮家所推崇。

京氏易將六十四卦分爲八宮，八宮首卦即是八純卦。然後初爻變，爲一世卦；二爻變，爲二世卦；三爻變，爲三世卦；四爻變，爲四世卦；五爻變，爲五世卦；第六爻爲本根，不能變，而返回第四爻變，謂之遊魂卦；再變遊魂之下卦，即下卦返回原處，謂之歸魂。如乾宮卦：

本卦　☰　乾爲天

一世　☰　天風姤（初爻變）

二世　☰　天山遯（二爻變）

三世　☰　天地否（三爻變）

四世　☶☷　風地觀（四爻變）

五世　☶☷　山地剝（五爻變）

遊魂　☶☷　火地晉（返回第四爻變）

歸魂　☲☰　火天大有（變下卦返回原卦）

以世卦安「世」爻，即一世卦世在初爻；二世卦世在二爻；三世卦世在三爻；四世卦世在四爻；五世卦世在五爻；遊魂卦世在四爻；歸魂卦世在三爻；本宮首卦世在六爻。與世爻對應的是「應」爻，「應」的意義是：「氣出於下，而應於上」，反之，氣出於上，而應於下，「世」爻與「應」爻中間隔兩爻。如世在二爻，則應在五爻，世在四爻，則應在初爻。

對於納甲的理解，可以參閱宋朱震《漢上易傳》，其序云：

聖人觀陰陽之變而立卦，效天下之動而生爻。變動之別，

其傳有五：曰動爻、曰卦變、曰互理、曰五行、曰納甲。

京房易的納甲法，是將天干地支納於各卦的六爻上。先談天干，天干為十，八純卦為八，二者對應關係是：乾納甲壬，即初二三爻納甲四五六爻納壬；坤納乙癸，即初二三爻納乙，四五六爻納癸；艮納丙；兌納丁；次納戊；離納己；震納庚；巽納辛。

其次談卦之結構，然後再談納地支。

八純卦分陰分陽，乾與坤相交生陽卦震坎艮，坤與乾相交生陰卦巽離兌。「相交」指爻之置換。即：

乾的初四爻置換坤的初四爻生震

乾的二五爻置換坤的二五爻生坎

乾的三六爻置換坤的三六爻生艮

坤的初四爻置換乾的初四爻生巽

坤的二五爻置換乾的二五爻生離

坤的三六爻置換乾的三六爻生兌

圖示為：

兌	離	巽	乾		坤	震	坎	艮
☱	☲	☴	☰	置換	☷	☳	☵	☶
陰卦	陰卦	陰卦	陽卦		陰卦	陽卦	陽卦	陽卦

乾置換坤生陽卦，坤置換乾生陰卦。陽交陰生陽，陰交陽生陰，或此是陰卦，陽卦之定義。又陰陽之變是一種對稱的數學結構模式，這種模式除表達形式的對稱美而外，還表達了彼此之間的內在聯繫，這種聯繫是自然的，排序的，有機的。

納甲法實際以地支為主。陽卦乾震坎艮，每卦從初爻到上爻納以陽支：

（子寅辰午申戌）

陰卦坤巽離兌，每卦從初爻到上爻納以陰支：

（巳卯丑亥酉未）

（子寅辰午申戌）和（巳卯丑亥酉未）是數學輪換，且陽支為順序排列，陰支為逆序排列。

地支賦以五行屬性：

子水、丑土、寅木、卯木、辰土、巳火、午火、未土、申金、酉金、戌土、亥水。

乾坤之交生成八純卦，納干支，賦五行構建八卦六位圖。

(一)乾坤六位圖：

乾　　　　　　　　　　　坤

乾		坤	
─────	壬戌土	─ ─	癸酉金
─────	壬申金	─ ─	癸亥水
─────	壬午火	─ ─	癸丑土
─────	甲辰土	─ ─	乙卯木
─────	甲寅木	─ ─	乙巳火
─────	甲子水	─ ─	乙未土

(二)震坎艮六位圖：

震		坎		艮	
─ ─	庚戌土	─────	戊子水	─────	丙寅木
─ ─	庚申金	─────	戊戌土	─ ─	丙子水
─ ─	庚午火	─ ─	戊申金	─ ─	丙戌土
─ ─	庚辰土	─ ─	戊午火	─────	丙申金
─ ─	庚寅木	─ ─	戊辰土	─ ─	丙午火
─────	庚子水	─ ─	戊寅木	─ ─	丙辰土

(三)巽離兌六位圖：

巽		離		兌	
─────	辛卯木	─────	己巳火	─ ─	丁未土
─────	辛巳火	─ ─	己未土	─────	丁酉金
─ ─	辛未土	─────	己酉金	─────	丁亥水
─────	辛酉金	─────	己亥水	─ ─	丁丑土
─────	辛亥水	─ ─	己丑土	─────	丁卯木
─ ─	辛丑土	─────	己卯木	─────	丁巳火

上圖見於朱震《漢上易傳》，且云：

京氏曰：降五行頒六位。又曰：天六、地六、氣六、象六。天乾交坤而生震坎艮，故自子順行……。地坤交乾而生巽離兌，故自丑逆行……。

易於乾卦言：大明終始，六位時成。則七卦可以類推。

八純卦列於八宮之首，稱作首卦，再以京房易變爻結構形成六十四卦系統，八個卦一組，分作八宮卦。但各卦又是八純卦上卦下卦之組合，如天山遯，上卦爲乾之上卦，下卦爲艮之下卦，而各爻所賦干支五行相應納入：

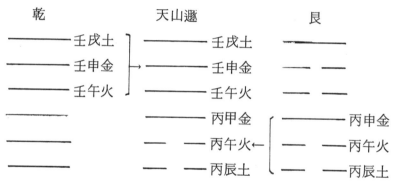

除八純卦的五十六卦，以此類推。

京房卦序爲：

　　乾、震、坎、艮、坤、巽、離、兌

正是京房易乾坤相交，陰陽生變的體現。但在實際應用中，又加以方位，對稱等因素，因之八宮卦以後天八卦爲序：

　　乾、坎、艮、震、巽、離、坤、兌

京房易卦爲體，後天八卦爲用，仍然是中國傳統的體用觀念。

每卦六爻納干支、五行，然後以五行生剋關係賦以六親。六親是：生我者父母，剋我者官鬼，我生者子孫，我剋者妻財，比和者兄弟。

　　確定六親原則：各宮卦五行屬性爲我，據此推出各爻之六親。如師卦所在宮爲坎宮，坎屬水，即我爲水，據此推出酉金爲父母，亥水爲兄弟，丑土爲官鬼，午火爲妻財，寅木爲子孫。且在實際應用中，僅用地支，故將天干略去。爲便於查閱，六十四卦納地支、五行、六親及定世應，述之如下：

　　㈠乾宮卦，屬金

1.乾爲天

（世）父母	———————	戌土
兄弟	———————	申金
官鬼	———————	午火
（應）父母	———————	辰土
妻財	———————	寅木
子孫	———————	子水

2.天風姤

父母	———————	戌土
兄弟	———————	申金
（應）官鬼	———————	午火
兄弟	———————	酉金
子孫	———————	亥水
（世）父母	——　——	丑土

3.天山遯

父母	———————	戌土
（應）兄弟	———————	申金
官鬼	———————	午火
兄弟	———————	申金
（世）官鬼	——　——	午火
父母	——　——	辰土

4.天地否

（應）父母	———————	戌土
兄弟	———————	申金
官鬼	———————	午火
（世）妻財	——　——	卯木
官鬼	——　——	巳火
父母	——　——	未土

5.風地觀

　　妻財 ────── 卯木
　　官鬼 ────── 巳火
（世）父母 ── ── 未土
　　妻財 ── ── 卯木
　　官鬼 ── ── 巳火
（應）父母 ── ── 未土

6.山地剝

　　妻財 ────── 寅木
（世）子孫 ── ── 子水
　　父母 ── ── 戌土
　　妻財 ── ── 卯木
（應）官鬼 ── ── 巳火
　　父母 ── ── 未土

7.火地晉

　　官鬼 ────── 巳火
　　父母 ── ── 未土
（世）兄弟 ────── 酉金
　　妻財 ── ── 卯木
　　官鬼 ── ── 巳火
（應）父母 ── ── 未土

8.火天大有

（應）官鬼 ────── 巳火
　　父母 ── ── 未土
　　兄弟 ────── 酉金
（世）父母 ────── 辰土
　　妻財 ────── 寅木
　　子孫 ────── 子水

（二）坎宮卦，屬水

9.坎爲水

（世）兄弟 ── ── 子水
　　官鬼 ────── 戌土
　　父母 ── ── 申金
（應）妻財 ── ── 午火
　　官鬼 ────── 辰土
　　子孫 ── ── 寅木

10.水澤節

　　兄弟 ── ── 子水
　　官鬼 ────── 戌土
（應）父母 ── ── 申金
　　官鬼 ── ── 丑土
　　子孫 ────── 卯木
（世）妻財 ────── 巳火

11.水雷屯

```
　　　兄弟　— —　子水
（應）官鬼　———　戌土
　　　父母　— —　申金
　　　官鬼　— —　辰土
（世）子孫　———　寅木
　　　兄弟　———　子水
```

12.水火既濟

```
（應）兄弟　— —　子水
　　　官鬼　———　戌土
　　　父母　— —　申金
（世）兄弟　———　亥水
　　　官鬼　— —　丑土
　　　子孫　———　卯木
```

13.澤火革

```
　　　官鬼　— —　未土
　　　父母　———　酉金
（世）兄弟　———　亥水
　　　兄弟　———　亥水
　　　官鬼　— —　丑土
（應）子孫　———　卯木
```

14.雷火豐

```
　　　官鬼　— —　戌土
（世）父母　— —　申金
　　　妻財　———　午火
　　　兄弟　———　亥水
（應）官鬼　— —　丑土
　　　子孫　———　卯木
```

15.地火明夷

```
　　　父母　— —　酉金
　　　兄弟　— —　亥水
（世）官鬼　— —　丑土
　　　兄弟　———　亥水
　　　官鬼　— —　丑土
（應）子孫　———　卯木
```

16.地水師

```
（應）父母　— —　酉金
　　　兄弟　— —　亥水
　　　官鬼　— —　丑土
（世）妻財　— —　午火
　　　官鬼　———　丑土
　　　子孫　— —　寅木
```

㈢艮宮卦，屬土

17.艮爲山

（世）官鬼	———	寅木
妻財	—— ——	子水
兄弟	—— ——	戌土
（應）子孫	———	申金
父母	—— ——	午火
兄弟	—— ——	辰土

18.山火賁

官鬼	———	寅木
妻財	—— ——	子水
（應）兄弟	—— ——	戌土
妻財	———	亥水
兄弟	—— ——	丑土
（世）官鬼	———	卯木

19.山天大畜

官鬼	———	寅木
（應）妻財	—— ——	子水
兄弟	—— ——	戌土
兄弟	———	辰土
（世）官鬼	———	寅木
妻財	———	子水

20.山澤損

（應）官鬼	———	寅木
妻財	—— ——	子水
兄弟	—— ——	戌土
（世）兄弟	—— ——	丑土
官鬼	———	卯木
父母	———	巳火

21.火澤睽

父母	———	巳火
兄弟	—— ——	未土
（世）子孫	———	酉金
兄弟	—— ——	丑土
官鬼	———	卯木
（應）父母	———	巳火

22.天澤履

兄弟	———	戌土
（世）子孫	———	申金
父母	———	午火
兄弟	—— ——	丑土
（應）官鬼	———	卯木
父母	———	巳火

23.風澤中孚

```
        官鬼 ————————   卯木
        父母 ————————   巳火
(世）兄弟 ——  ——       未土
        兄弟 ——  ——       丑土
        官鬼 ————————   卯木
(應）父母 ————————   巳火
```

24.風山漸

```
（應）官鬼 ————————   卯木
        父母 ————————   巳火
        兄弟 ——  ——       未土
（世）子孫 ——  ——       申金
        父母 ——  ——       午火
        兄弟 ——  ——       辰土
```

㈣震宮卦，屬木

25.震爲雷

```
（世）妻財 ——  ——       戌土
        官鬼 ——  ——       申金
        子孫 ————————   午火
（應）妻財 ——  ——       辰土
        兄弟 ——  ——       寅木
        父母 ————————   子水
```

26.雷地豫

```
        妻財 ——  ——       戌土
        官鬼 ——  ——       申金
（應）子孫 ————————   午火
        兄弟 ——  ——       卯木
        子孫 ——  ——       巳火
（世）妻財 ——  ——       未土
```

27.雷水解

```
        妻財 ——  ——       戌土
（應）官鬼 ——  ——       申金
        子孫 ————————   午火
        子孫 ——  ——       午火
（世）妻財 ————————   辰土
        兄弟 ——  ——       寅木
```

28.雷風恒

```
（應）妻財 ——  ——       戌土
        官鬼 ——  ——       申金
        子孫 ————————   午火
（世）官鬼 ————————   酉金
        父母 ————————   亥水
        妻財 ——  ——       丑土
```

29.地風升

  官鬼 ━━ ━━ 酉金

  父母 ━━ ━━ 亥水

（世）妻財 ━━ ━━ 丑土

  官鬼 ━━━━ 酉金

  父母 ━━━━ 亥水

（應）妻財 ━━ ━━ 丑土

30.水風井

  父母 ━━ ━━ 子水

（世）妻財 ━━━━ 戌土

  官鬼 ━━ ━━ 申金

  官鬼 ━━━━ 酉金

（應）父母 ━━━━ 亥水

  妻財 ━━ ━━ 丑土

31.澤風大過

  妻財 ━━ ━━ 未土

  官鬼 ━━━━ 酉金

（世）父母 ━━━━ 亥水

  官鬼 ━━━━ 酉金

  父母 ━━━━ 亥水

（應）妻財 ━━ ━━ 丑土

32.澤雷隨

（應）妻財 ━━ ━━ 未土

  官鬼 ━━━━ 酉金

  父母 ━━━━ 亥水

（世）妻財 ━━ ━━ 辰土

  兄弟 ━━ ━━ 寅木

  父母 ━━━━ 子水

㈤巽宮卦，屬木

33.巽為風

（世）兄弟 ━━━━ 卯木

  子孫 ━━━━ 巳火

  妻財 ━━ ━━ 未土

（應）官鬼 ━━━━ 酉金

  父母 ━━━━ 亥水

  妻財 ━━ ━━ 丑土

34.風天小畜

  兄弟 ━━━━ 卯木

  子孫 ━━━━ 巳火

（應）妻財 ━━ ━━ 未土

  妻財 ━━━━ 辰土

  兄弟 ━━━━ 寅木

（世）父母 ━━━━ 子水

35.風火家人

兄弟 ━━━━━ 卯木

（應）子孫 ━━━━━ 巳火

妻財 ━━　━━ 未土

父母 ━━━━━ 亥水

（世）妻財 ━━　━━ 丑土

兄弟 ━━━━━ 卯木

36.風雷益

（應）兄弟 ━━━━━ 卯木

子孫 ━━　━━ 巳火

妻財 ━━　━━ 未土

（世）妻財 ━━　━━ 辰土

兄弟 ━━　━━ 寅木

父母 ━━━━━ 子水

37.天雷无妄

妻財 ━━━━━ 戌土

官鬼 ━━━━━ 申金

（世）子孫 ━━━━━ 午火

妻財 ━━　━━ 辰土

兄弟 ━━　━━ 寅木

（應）父母 ━━━━━ 子水

38.火雷噬嗑

子孫 ━━━━━ 巳火

（世）妻財 ━━　━━ 未土

官鬼 ━━━━━ 酉金

妻財 ━━　━━ 辰土

（應）兄弟 ━━　━━ 寅木

父母 ━━━━━ 子水

39.山雷頤

兄弟 ━━━━━ 寅木

父母 ━━　━━ 子水

（世）妻財 ━━　━━ 戌土

妻財 ━━　━━ 辰土

兄弟 ━━　━━ 寅木

（應）父母 ━━━━━ 子水

40.山風蠱

（應）兄弟 ━━━━━ 寅木

父母 ━━　━━ 子水

妻財 ━━　━━ 戌土

（世）官鬼 ━━━━━ 酉金

父母 ━━━━━ 亥水

妻財 ━━　━━ 丑土

㈥離宮卦，屬火

41.離爲火

（世）兄弟	——	巳火
子孫	— —	未土
妻財	——	酉金
（應）官鬼	——	亥水
父母	— —	丑土
子孫	——	卯木

42.火山旅

兄弟	——	巳火
子孫	— —	未土
（應）妻財	——	酉金
妻財	——	申金
兄弟	— —	午火
（世）子孫	— —	辰土

43.火風鼎

兄弟	——	巳火
（應）子孫	— —	未土
妻財	——	酉金
妻財	——	酉金
（世）官鬼	——	亥水
子孫	— —	丑土

44.火水未濟

（應）兄弟	——	巳火
子孫	— —	未土
妻財	——	酉金
（世）兄弟	— —	午火
子孫	——	辰土
父母	— —	寅木

45.山水蒙

父母	——	寅木
官鬼	— —	子水
（世）子孫	— —	戌土
兄弟	— —	午火
子孫	——	辰土
（應）父母	— —	寅木

46.風水渙

父母	——	卯木
（世）兄弟	——	巳火
子孫	— —	未土
兄弟	— —	午火
（應）子孫	——	辰土
父母	— —	寅木

47.天水訟

　　　　子孫 ━━━━ 戌土
　　　　妻財 ━━━━ 申金
（世）兄弟 ━━━━ 午火
　　　　兄弟 ━━　━ 午火
　　　　子孫 ━━━━ 辰土
（應）父母 ━━　━ 寅木

48.天火同人

（應）子孫 ━━━━ 戌土
　　　　妻財 ━━━━ 申金
　　　　兄弟 ━━━━ 午火
（世）官鬼 ━━━━ 亥水
　　　　子孫 ━━━━ 丑土
　　　　父母 ━━━━ 卯木

(七)坤宮卦，屬土

49.坤爲地

（世）子孫 ━━　━ 酉金
　　　　妻財 ━━　━ 亥水
　　　　兄弟 ━━　━ 丑土
（應）官鬼 ━━　━ 卯木
　　　　父母 ━━　━ 巳火
　　　　兄弟 ━━　━ 未土

50.地雷復

　　　　子孫 ━━　━ 酉金
　　　　妻財 ━━　━ 亥水
（應）兄弟 ━━　━ 丑土
　　　　兄弟 ━━　━ 辰土
　　　　官鬼 ━━　━ 寅木
（世）妻財 ━━━━ 子水

51.地澤臨

　　　　子孫 ━━　━ 酉金
（應）妻財 ━━　━ 亥水
　　　　兄弟 ━━　━ 丑土
　　　　兄弟 ━━　━ 丑土
（世）官鬼 ━━━━ 卯木
　　　　父母 ━━━━ 巳火

52.地天泰

（應）子孫 ━━　━ 酉金
　　　　妻財 ━━　━ 亥水
　　　　兄弟 ━━　━ 丑土
（世）兄弟 ━━━━ 辰土
　　　　官鬼 ━━━━ 寅木
　　　　妻財 ━━━━ 子水

53.雷天大壯

兄弟 ━━　━━ 戌土
子孫 ━━　━━ 申金
（世）父母 ━━━━━━ 午火
兄弟 ━━━━━━ 辰土
官鬼 ━━━━━━ 寅木
（應）妻財 ━━━━━━ 子水

54.澤天夬

兄弟 ━━　━━ 未土
（世）子孫 ━━━━━━ 酉金
妻財 ━━━━━━ 亥水
兄弟 ━━━━━━ 辰土
（應）官鬼 ━━━━━━ 寅木
妻財 ━━━━━━ 子水

55.水天澤

妻財 ━━　━━ 子水
兄弟 ━━━━━━ 戌土
（世）子孫 ━━　━━ 申金
兄弟 ━━━━━━ 辰土
官鬼 ━━━━━━ 寅木
（應）妻財 ━━━━━━ 子水

56.水地比

（應）妻財 ━━　━━ 子水
兄弟 ━━━━━━ 戌土
子孫 ━━　━━ 申金
（世）官鬼 ━━　━━ 卯木
父母 ━━　━━ 巳火
兄弟 ━━　━━ 未土

（八）兌宮卦，屬金

57.兌為澤

（世）父母 ━━　━━ 未土
兄弟 ━━━━━━ 酉金
子孫 ━━━━━━ 亥水
（應）父母 ━━　━━ 丑土
妻財 ━━━━━━ 卯木
官鬼 ━━━━━━ 巳火

58.澤水困

父母 ━━　━━ 未土
兄弟 ━━━━━━ 酉金
（應）子孫 ━━━━━━ 亥水
官鬼 ━━　━━ 午火
父母 ━━━━━━ 辰土
（世）妻財 ━━　━━ 寅木

59.澤地萃

父母	― ―	未土
（應）兄弟	―――	酉金
子孫	― ―	亥水
妻財	― ―	卯木
（世）官鬼	― ―	巳火
父母	― ―	未土

60.澤山咸

（應）父母	― ―	未土
兄弟	―――	酉金
子孫	―――	亥水
（世）兄弟	―――	申金
官鬼	― ―	午火
父母	― ―	辰土

61.水山蹇

子孫	― ―	子水
父母	―――	戌土
（世）兄弟	― ―	申金
兄弟	―――	申金
官鬼	― ―	午火
（應）父母	― ―	辰土

62.地山謙

兄弟	― ―	酉金
（世）子孫	― ―	亥水
父母	― ―	丑土
兄弟	―――	申金
（應）官鬼	― ―	午火
父母	― ―	辰土

63.雷山小過

父母	― ―	戌土
兄弟	― ―	申金
（世）官鬼	―――	午火
兄弟	―――	申金
官鬼	― ―	午火
（應）父母	― ―	辰土

64.雷澤歸妹

（應）父母	― ―	戌土
兄弟	― ―	申金
官鬼	―――	午火
（世）父母	― ―	丑土
妻財	―――	卯木
官鬼	―――	巳火

　　爲尋找各卦方便計，作附表如下，如卜得天水訟，得數字47，即可在前表中尋得此卦：

上卦\下卦	天	水	山	雷	風	火	地	澤
天	乾 1	需 55	大畜 19	大壯 53	小畜 34	大有 8	泰 52	夬 54
水	訟 47	坎 9	蒙 45	解 27	渙 46	未濟 44	師 16	困 58
山	遯 3	蹇 61	艮 17	小過 63	漸 24	旅 42	謙 62	咸 60
雷	无妄 37	屯 11	頤 39	震 25	益 36	噬嗑 38	復 50	隨 32
風	姤 2	井 30	蠱 40	恒 28	巽 33	鼎 43	升 29	大過 31
火	同人 48	既濟 12	賁 18	豐 14	家人 35	離 41	明夷 15	革 13
地	否 4	比 56	剝 6	豫 26	觀 5	晉 7	坤 49	萃 59
澤	履 22	節 10	損 20	歸妹 64	中孚 23	睽 21	臨 51	兌 57

二、定世應

　　在預卜中世爻爲主體，應爻爲客體，或世爻爲自己，應爻爲他人。如卜得某卦，可以直接查閱前述之表，知某卦在某宮，知

爲幾世卦，以定世應。這裏所談的，不是用查表，而是根據卦之結構求出世應。換言之，是揭示尋世認宮的規律性。

據京房易卦生成，找出如下規則：

每卦六爻分爲天地人：初四爻爲地爻，二五爻爲人爻，三六爻爲天爻。則：

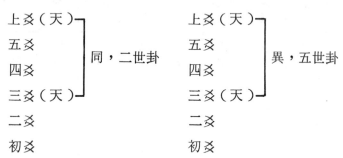

上下卦天爻相同，人爻地爻各相異，爲二世卦。

上下卦天爻相異，人爻地爻各相同，爲五世卦。

相同指同爲陰爻或同爲陽爻，相異指一爲陰爻一爲陽爻。

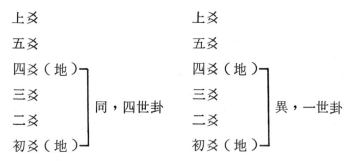

上下卦地爻相同，天爻人爻各相異爲四世卦。

上下卦地爻相異，天爻人爻各相同爲一世卦。

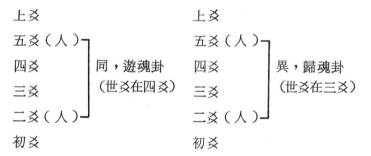

上下卦人爻相同，天爻地爻各相異爲遊魂卦。

上下卦人爻相異，天爻地爻各相同爲歸魂卦。

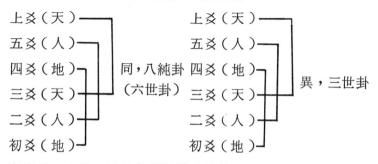

上下卦天爻、人爻、地爻各相同爲八純卦。

上下卦天爻、人爻、地爻各相異爲三世卦。

　　如何定出卦之所屬宮，有下述規則：

　　一二三六各世卦，看其上卦，上卦即所屬宮。如上卦爲坎，則該卦在坎宮。

　　四五世卦及遊魂卦，下卦之錯卦爲所屬宮。如下卦爲艮☶，其錯卦爲兌☱，則該卦在兌宮。

　　歸魂卦下卦（內卦）爲所屬宮。

　　以上規則，有人概括爲幾句話，摘抄如下：

　　　天同二世天異五，

　　　地同四世地異初，

本宮六世三世異，

人同遊魂人異初。

一二三六外卦宮，

四五遊魂內變更，

歸魂內卦是本宮。

三、生克運算

按數學理解，有限的或無限的元素構成集合，集合加以運算，才構成「空間」。我們這裏研究的集合，是賦在卦爻上的地支、五行、六親以及月建的支和日辰的支。運算主要有兩種：生和克。典型的生克關係是五行生克，五行排序是：

金、水、木、火、土

鄰位生，隔位克，即：

金生水，水生木，木生火，火生土，土生金。

金克木，木克土，土克水，水克火，火克金。

其次是地支之間的刑合沖害。一般意義講刑合沖害仍然是一種生克關係，分別論述之。

〔刑〕，地支輪換運算，刑指前者對後者的壓制，即廣義的克。

引進數學輪換模式：

（ABC）表示A刑B，B刑C，C刑A。

（AB）表示A刑B，B刑A。

（A）表示A刑A，即自相刑。

則刑運算爲：

（寅巳申）　稱爲持勢之刑。

（丑未戌）　稱爲無恩之刑。

（子卯）　　稱爲無禮之刑。

（辰）、（午）、（酉）、（亥）爲自相刑。

按地支排列序號、刑運算爲：

（寅巳申）（丑未戌）（子卯）（辰）（午）（酉）（亥）

＝（３６９）（２８１１）（１，４）（５）（７）（１）（１２）

［合沖害］，一般規則，占事得合，此事持久，故占吉事宜
　　　　　逢合。但凶事逢合，難以解脫。

沖和合作用相反，占凶事宜見沖，沖則凶事消亡，吉事遇
沖，吉事轉化爲凶。

害是一種間接作用，如子丑相合，午沖子，使丑孤單，則
謂午害丑。

合沖害三者關係歸結爲下圖：

將第一圖分解，合沖害是三角形結構：

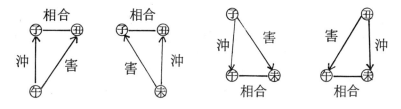

其他，以此類推。

[合的作用]

　　㈠月建、日辰與不變之爻合，使爻旺相而有利，稱爲「合起」。

　　　月建、日辰與變爻合，使變爻不起作用，稱爲「合住」。

　　㈡兩爻都是變爻，可以成合，使之旺相有力，兩爻爲不變爻不能成合。

　　㈢變爻和之爻可以成合，謂之「化扶」，之爻輔助變爻之意。如卜得大有之井卦，即本卦爲大有，之卦爲井，大有初爻爲子，井初爻爲丑，即此變爻子和之爻丑成合，丑輔助子。

　　㈣卦中六爻天地人各成合，謂之卦逢六合（不分變爻與不變爻）。

　　如何確定六合卦？

　　先列出八純卦六爻之地支配合：

		乾	坎	艮	震	巽	離	坤	兌
上卦	上爻	戌	子	寅	戌	卯	巳	酉	未
	五爻	申	戌	子	申	巳	未	亥	酉
	四爻	午	申	戌	午	未	酉	丑	亥
下卦	三爻	辰	午	申	辰	酉	亥	卯	丑
	二爻	寅	辰	午	寅	亥	丑	巳	卯
	初爻	子	寅	辰	子	丑	卯	未	巳

　　如以初爻之支表示下卦，四爻之支表示上卦，則上表簡化如下：

	乾	坎	艮	震	巽	離	坤	兌
上卦	午	申	戌	午	未	酉	丑	亥
下卦	子	寅	辰	子	丑	卯	未	巳

由此表上下卦之組合，得出六合卦爲：

午未合：乾上坤下，天地否

　　　　震上坤下，雷地豫

申巳合：坎上兌下，水澤節

戌卯合：艮上離下，山火賁

酉辰合：離上艮下，火山旅

丑子合：坤上乾下，地天泰

　　　　坤上震下，地雷復

亥寅合：兌上坎下，澤水困

「六合」即指午未合、甲巳合、戌卯合、酉辰合、丑子合、亥寅合，共六合。由此構造性所得出卦，定義爲「六合卦」。

中國術數具有嚴格的法則。十二地支分陰分陽，賦於六爻，陽卦賦陽支，陰卦賦陰支，且陽卦順序，陰卦逆序。地支陰陽成「合」。圖示（見下頁）

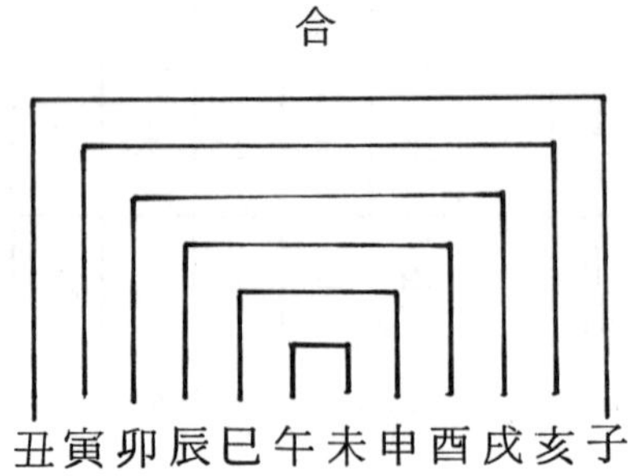

合

丑寅卯辰巳午未申酉戌亥子

陽卦賦支　┌→寅→辰→午→申→戌→子┐

陰卦賦支　┌←丑←卯←巳←未←酉←亥┐

法則給人以思考，如地天泰卦：

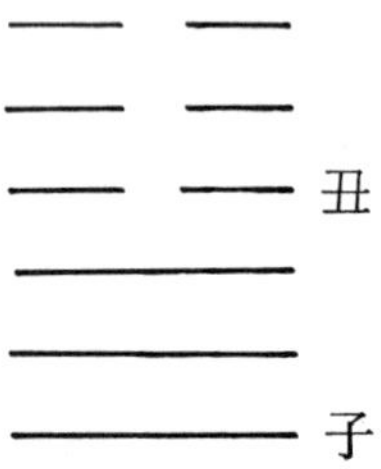

丑

子

初四爻爲子丑，自然二五爻爲寅亥，三六爻爲辰酉，即初四爻相合，則二五爻、三六爻自然相合。正是這種法則所限定。

[沖的作用]

　㈠月破：月建沖爻爲之月破。如三月測事，主事爻爲戌，三月建辰，辰沖戌，爲月破。示之如下：

正月寅破申　　　七月申破寅

二月卯破酉　　　八月酉破卯

三月辰破戌　　　九月戌破辰

四月巳破亥　　　十月亥破巳

五月午破子　　　十一月子破午

六月未破丑　　　十二月丑破未

㈡日破：日辰沖爻爲之日破。如亥日測事，主事爻爲巳，稱爲亥破巳（亥沖巳）。嚴格定義是主事爻處於休囚狀態，才稱爲日破，不處於休囚狀態稱爲日沖。

沖的作用已如上述，即凶事遇月破或日破，凶事消亡，吉事遇月破或日破，吉事轉化爲凶事。

㈢卦逢六沖：卦之初四爻沖，二五爻沖，三六爻沖，稱爲六沖卦。如何尋六沖卦，其方法相似於尋六合卦。

地支相沖排序爲：

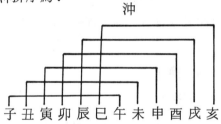

前面已繪製陽卦和陰卦的六爻地支配，也是有序圖。兩種有序圖的作用，仍是有序的。將八純卦初四爻賦支圖重寫如下：

	乾	坎	艮	震	巽	離	坤	兌
上卦	午	申	戌	午	未	酉	丑	亥
下卦	子	寅	辰	子	丑	卯	未	巳

由此表上下卦之組合得出六沖卦爲：

子午沖：乾上乾下　　天爲乾

　　　　乾上震下　　天雷無妄

　　　　震上乾下　　雷天大壯

　　　　震上震下　　雷爲震

申寅沖：坎上坎下　　水爲坎

戌辰沖：艮上艮下　　山爲艮

未丑沖：巽上巽下　　風爲巽

酉卯沖：離上離下　　火爲離

丑未沖：坤上坤下　　地爲坤

亥巳沖：兌上兌下　　澤爲兌

　　午子沖、申寅沖、戌辰沖、未丑沖、酉卯沖、丑未沖、亥巳沖共七沖，但未丑和丑未爲同一沖，實際仍爲六沖，以此定義六沖卦。

［六合卦和六沖卦的變換］

　　可以組合成四種變換：

　　六合變六沖 —— 本卦爲六合，之卦爲六沖。

　　六沖變六合 —— 本卦爲六沖，之卦爲六合。

　　六合變六合 —— 本卦爲六合，之卦爲六合。

　　六沖變六沖 —— 本卦爲六沖，之卦爲六沖。

［反吟］

　　反吟有各種解釋，一般被認爲是一種凶象。如在奇門遁甲中，星符對沖不利舉兵。在六壬中，天盤神坐於地盤神的沖處稱爲反吟，有「行軍課，切忌反吟凶」之判斷。

　　這裏解釋，以卦變相沖和爻變相沖爲之反吟。卦變相沖即本卦與之卦相沖，爻變相沖即本爻與之爻相沖。

　　「沖」有一種相對義，如天干相沖有甲庚沖、乙辛沖、壬丙沖、癸丁沖，因甲東庚西、乙東辛西、壬北丙南、癸北丁南，方位兩兩相對。地支相沖在方位上是相對，一般講五行屬性又是相克的：

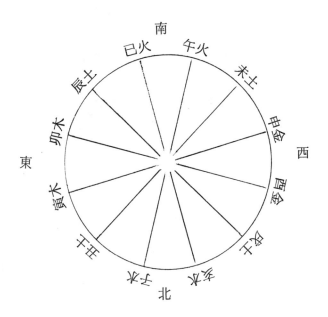

　　西方申酉金克東方寅卯木，方位又相對。北方亥子水克南方巳午火，方位又相對。辰土未土方位相對。辰土戌土方位相對。

　　八經卦相沖，以後天八卦方位相對關係定義之，且五行屬性相克：（見次頁圖表）

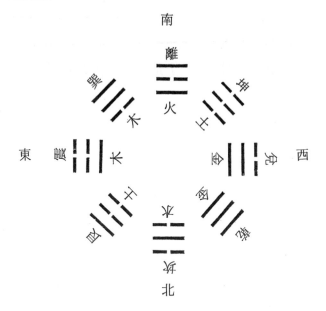

即坎離相沖、兌震相沖、乾巽相沖，有相對義和五行相克義。坤艮相沖，有相對義。

如 **A**、**B** 及 **C D** 各表示相沖之經卦，則相沖卦之組合模式是：

（本卦）（之卦）

| **A**上 | **B**上 | | 離上 | 坎上 |
| **A**下 | **B**下 | 如 | 離下 | 坎下 |

| **A**上 | **B**上 | | 兌上 | 震上 |
| **B**下 | **A**下 | 如 | 震下 | 兌下 |

| **A**上 | **A**上 | | 坤上 | 坤上 |
| **A**下 | **B**下 | 如 | 坤下 | 艮下 |

（本卦）（之卦）

A上	B上		坤上	艮上
A下	A下	如	坤下	坤下
A上	B上		離上	坎上
C下	D下	如	震下	兌下

爻變相沖，如變爻爲子、之爻爲午，則子午相沖。

概括言之，反吟即相沖，有相對義及五行相克義，是不利之象，也是所測事反覆不定之象。內卦反吟內則不安，外卦反吟外則不安，內外卦反吟內外不安之象。反吟的應用，在於掌握相沖法則，靈活多變，不必拘於現有資料所載。筆者認爲一切文字所闡述，僅有參考價值，而內涵極豐富的中國傳統術數，又怎能用文字表述清楚。

[伏吟]

伏吟和反吟相似，有卦變伏吟和爻變伏吟。卦變伏吟爲本卦之卦五行屬性一樣，爻變伏吟爲變爻之爻五行屬性一樣。但在實際應用中，由於卦體結構，往往伏吟和反吟並存。且坤和艮，按方位上的對稱，稱之爲反吟，而五行屬性相同，又是伏吟，這是從嚴格定義來理解。

在卦變中如何掌握反吟和伏吟，看下例：

如卜得无妄之乾卦：

本卦无妄（屬木）　　　之卦乾（屬金）

————	————
————	————
—　—辰土 ——→	————辰土
—　—寅木 ——→	————寅木
————	————

㈠二爻三爻之變，辰土變辰土，寅木變寅木，爲爻變伏吟。

㈡本卦下卦爲震屬木，之卦下卦爲乾屬金，金克木，內卦反吟。

㈢全卦考察，乾金克无妄木，也是反吟。

反吟和伏吟同爲事之反覆無定之象，或憂患之象，爲不利之徵兆。

又如卜得豫之否卦：

```
──  ── 戌土        ─────── 戌土
─────── 申金        ─────── 申金
───────             ─────── 
──  ──              ──  ── 
──  ──              ──  ── 
──  ──              ──  ── 
```

㈠上爻五爻伏吟。

㈡上爻乾金克震木反吟。

㈢全爻否金克豫木反吟。

四、時間和狀態

在中國術數中，時間和空間是兩個重要概念。這兩個概念及其關聯有一般性的理解和特殊性的理解。

空間具體體現爲方位。地球和太陽的相對位置決定方位，如太陽出的位置定爲東方，太陽落的位置定爲西方，太陽正的位置定爲南方，其相對位置是北方。而地球和太陽的相對位置決定於二者的相對運動，即在某時刻太陽在地球的某方位角內運行，這樣地球方位角內同時標註時間。

同理，地球方位角也可以標以月份，也是中國術數的時間和

空間的統一觀。西漢以來被廣泛應用的十二辟卦（又稱十二消息卦），是在時空統一觀念中再加以陰陽消息。十二辟卦如下圖：

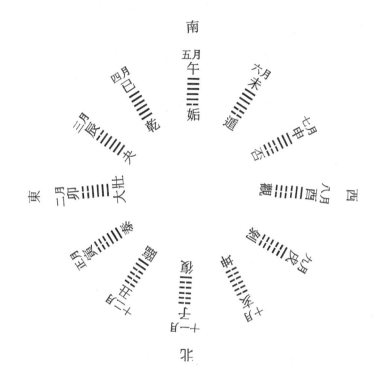

十二辟卦取自六十四卦中十二個特殊卦形，配以每年十二個月。十一月多至建子，一陽生用復卦表示，五月建午一陰初起，以姤卦表示，以此類推，說明一年氣候的陰陽消長。筆者這裏所關心的是一種觀念的歷史演變。西漢十二辟卦圖是方位和月建的統一，十一月建子和北方位構成時空相，五月建午和南方位構成時空相，二月建卯和東方位構成時空相，八月建酉和西方位構成時空相，如此等等。

　　進一步演變，是這種一般時空相賦以五行義使其相生相克。五行只能理解成一種生克作用的運算符號，如正月、二月、三月為春，春季東方木旺，四月、五月、六月為夏，夏季南方火旺，但實際春季正月、二月木旺，三月木囚，夏季四月、五月火旺，六月火休。這就不是按常識理解，而是時間（月建）和空間（方位）五行（符號）化的運算，這是中國術數將時間、空間特殊化。這種特殊化，我們已看不到空間方位，只看到五行在月建中的強弱變化。五行的強弱變化定義為「狀態」，有旺、相、休、囚、死五種狀態，分別述之如下：

　　旺──五行處於旺盛狀態。

　　相──五行處於穩定狀態。

　　休──五行處於休息狀態。

　　囚──五行處於衰落狀態。

　　死──五行處於死亡狀態。

　　這種狀態的確定，如寅為木、卯為木，而正月建寅，二月建卯，故正月二月木旺。木生火，旺木生穩定（可理解成次旺）之火，故正月二月土死。水生木，水在休整狀態生木，故正月二月水休。金克木，然而木依然旺。說明金處於被囚狀態，故正月二月金囚。這仍是常識性的理解，但能自圓其說。為便於查閱，圖示如下：（見次頁）

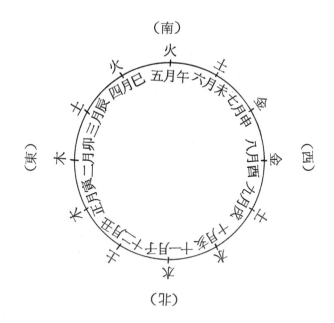

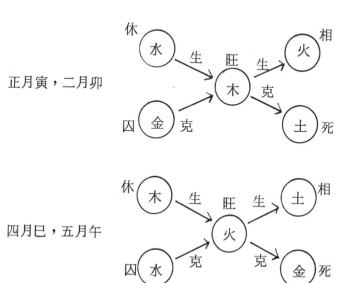

正月寅，二月卯

四月巳，五月午

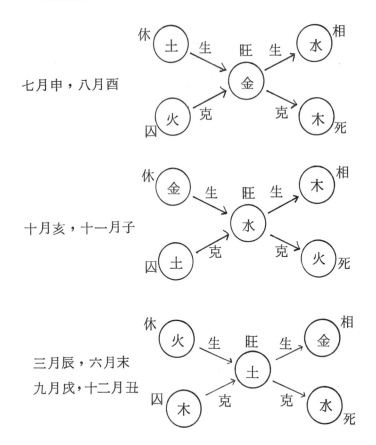

五行的旺、相、休、囚、死,是基於中國術數時空觀的一種演變,或者說一種抽象。下面談五行寄生十二宮,是直接說明五行在十二個月中從生長到死亡的全過程,是又一種運算。這裏除十二地支、五行,又加以天干,彼此相互關聯。先舉命理學中的一個例子,這個例子是說一個人一生命運,是出生日和出生月的綜合思考:

㈠某人出生日的天干是甲

某人出生月的地支是亥（十月）

則　關聯

則「長生」狀態。（見218頁表）

㈡某人出生日的天干是乙

某人出生月的地支也是亥

則　關聯

得「死」狀態。（見218頁表）

出生日干同樣是木，但甲木爲陽木，乙木爲陰木，「陽之所生，即陰之所死」，這是命理學陰陽對立原理。「長生」和「死」象徵命運，但不必太認眞。因爲「凡推造化，見生旺者未必便作吉論，見休囚死絕未必便作凶言。如生旺太過，宜乎制伏；死絕不及，宜乎生扶。妙在識其通變。」命理學的判斷，只是在天地人大系統中的一個參考點（先不論其眞實程度如何），而一個人的命運決定於諸多因素。

《三命通會》對十二宮的名稱解釋：

〔絕〕以萬物在地中，未有其象，如母腹空，未有物也。

〔胎〕天地氣交，氤氳造物，其物在地中萌芽，始有其氣，如人受父母之氣也。

〔養〕萬物在地中成形，如人在母腹成形也。

〔長生〕萬物發生向榮，如人始生而向長也。

〔沐浴〕以萬物始生，形體柔脆，易爲所損，如人生後三日，以沐浴之，幾至困絕也。

〔冠帶〕萬物漸榮秀，如人具衣冠也。

〔臨官〕如人之臨官也。案：人年壯，可以出仕做官。

〔帝旺〕萬物成熟，如人之興旺也。

〔衰〕萬物形衰，如人之氣衰也。

〔病〕萬物病，如人之病也。

〔死〕萬物死，如人之死也。

〔墓〕或稱庫，以萬物成功而藏之庫。

由天干五行及地支求取十二宮，列表如下：

| | 陽　　　干 | | | | 陰　　　干 | | | |
	甲木	丙火戊土	庚金	壬水	乙木	丁火己土	辛金	癸水
長生	亥	寅	巳	申	午	酉	子	卯
沐浴	子	卯	午	酉	巳	申	亥	寅
冠帶	丑	辰	未	戌	辰	未	戌	丑
臨官	寅	巳	申	亥	卯	午	酉	子
帝旺	卯	午	酉	子	寅	巳	申	亥
衰	辰	未	戌	丑	丑	辰	未	戌
病	巳	申	亥	寅	子	卯	午	酉
死	午	酉	子	卯	亥	寅	巳	申
墓	未	戌	丑	辰	戌	丑	辰	未
絕	申	亥	寅	巳	酉	子	卯	午
胎	酉	子	卯	午	申	亥	寅	巳
養	戌	丑	辰	未	未	戌	丑	辰

　　火珠林法用十二宮中生旺墓絕四宮，可以理解成五行的四種狀態，且由日辰來決定。如金長生在巳日，旺在酉日，墓（庫）在丑日，絕在寅日，等等。這樣，前表中的月支換為日支，五行用陽干，即甲木、丙火、庚金、壬水，而戊土和壬水歸為同一狀態，列表如下：

五行＼狀態	木	火	金	水土
長生	亥	寅	巳	申
帝旺	卯	午	酉	子
墓	未	戌	丑	辰
絕	申	亥	寅	巳

　　下面談六甲空亡。

　　空亡又稱為旬空，簡稱為空，也是一種時間觀念。古以干支記日，十天干十二地支配合，六十日一循環。但中國術數將時間流引進「空缺」或「間斷」概念，如以十日（一旬）為一計算單元，則十日中缺兩支，此兩支稱為「空亡」。實質問題是十天干和十二地支一一對應，必然有兩支對應不上，此兩支即為空亡。

　　下面列出空亡表：

十日為一旬	空亡（旬空）
甲乙丙丁戊己庚辛壬癸 子丑寅卯辰巳午未申酉	戌、亥
甲乙丙丁戊己庚辛壬癸 戌亥子丑寅卯辰巳午未	申、酉

十日為一旬	空亡（旬空）
甲乙丙丁戊己庚辛壬癸 申酉戌亥子丑寅卯辰巳	午、未
甲乙丙丁戊己庚辛壬癸 午未申酉戌亥子丑寅卯	辰、巳
甲乙丙丁戊己庚辛壬癸 辰巳午未申酉戌亥子丑	寅、卯
甲乙丙丁戊己庚辛壬癸 寅卯辰巳午未申酉戌亥	子、丑

關於空亡的判斷，先看下述數例：

例一，戊戌日測事。

> 主　事　爻　辰（空亡）

查表，戊戌日辰空亡，但戊又沖辰（日建沖辰），即日建沖空不為空，不以空亡判斷。

例二，丁卯日測事。

> 主　事　爻　亥（空亡）

查表，丁卯日亥空亡，此爻和月建日辰及其他爻無關聯（月建及全卦未寫出），待下旬（甲戌旬）申酉空亡，不再是亥空亡，此為出空。即下旬出空後，所測之事可以成功。

例三，癸酉日測事。

> 主　事　爻　戌（空亡）化巳

　　癸酉日戌空亡，但主事爻爲變爻，之爻爲巳，巳火生戌土（之爻生變爻），變爻雖爲空，不以空亡判斷，稱爲「動不爲空」。

　　例四，酉月庚辰日測岳母近病。

```
┌─────────────┐
│ 主　事　爻  │　酉（空亡）（合）
└─────────────┘
```

　　庚辰日酉空亡，酉辰合。近病逢合即死，逢空則癒，二者平衡，需由全卦綜合判斷。

　　爻遇空亡，無論所測何事均不能成。凡所求所得之事，遇空難求，凡將避將捨之事，遇空則轉化爲吉。空有「到底空」，和不以空斷之空。或言之：前者爲空，後者不爲空。其區別是：

　　　　日建沖空不爲空，靜爻遇克却爲空，

　　　　忌神逢空是吉兆，用神原神不可空。

　　　　旺不爲空，動不爲空，日建生扶不爲空，

　　　　伏而旺相不爲空；

　　　　月破爲空，伏吟被克爲空，

　　　　伏而被克爲空。

　　　　春土、夏金、秋樹木，

　　　　三多逢火是眞空，空亡又值眞空象，

　　　　再遇爻傷到底空。

　　這裏提到忌神、用神、原神，在下一節解釋。到底空即不可轉化之空，是以空斷。非到底空可以轉化，所謂轉化，即「沖空」、「出空」。

關於真空之說，如春季測事為土爻，即爻為丑、辰、未、戌，稱為真空。春季實指正月、二月，即孟春、仲春。待春季過後，才能出空。但若有他爻沖克，就為到底空，永不出空。夏金、秋木、多火仿此。

一般言空亡，是由日辰所引起的，已如上述。真空却是由月建所引起的。按五行性，月建所克之爻即為真空。列表如下：

	月　建	真　空
春	正月寅，二月卯，為木	丑、辰、未、戌（土）
夏	四月巳，五月午，為火	申、酉　（金）
秋	七月申，八月酉，為金	寅、卯　（木）
多	十月亥，十一月子，為水	巳、午　（火）
季春、季夏 季秋、季多	三月辰、六月未 九月戌、十二月丑　為土	亥、子　（水）

空亡為「缺」的關聯，真空為「克」的關聯，月破為「沖」的關聯，三者是地支的三種運算。三者或二者可能同時出現在一卦中，需得綜合判斷。

五、用神、原神、忌神、仇神

〔用神〕　主事爻為用神。如求財、妻財爻為用神。用神是火珠林法中重要的因素，定不准用神，就不會有正確的判斷。用神的確定大致如下：

㈠自占吉凶以世爻為用神，應爻為他人。

㈡占父母輩以父母爻為用神。占天地、城池、住宅、舟車、衣服、文書、契約等，也以父母爻為用神。概括言之，凡庇護我者，都以父母爻為用神。

㈢女人占丈夫，以及占丈夫的兄弟、朋友，以官鬼為用神。

占求功名、工作、公事，占官吏、盜賊、邪祟，凡能約束我的事物，都以官鬼為用神。

㈣占兄弟、朋友等同輩人之事，以兄弟爻為用神。

㈤占妻及妻的同輩女親、女友事，以妻財爻為用神。

占錢財、糧食、器物等，凡為我驅使者，均以妻財爻為用神。

㈥占兒女、子孫等輩人事，以子孫爻為用神。占忠臣、良將、醫生、醫藥、兵卒、僧道、禽畜等，也以子孫爻為用神。

有時卦中可能出現兩個用神，一般選擇旺相有力的爻為用神，而捨棄衰弱無力的爻。

[原神、忌神、仇神]　《周易》的內涵是取象，取象偏重於意會和想象。京房易、火珠林，運用了《周易》神妙變化的取象內涵。假使預測是由單一的用神判定，將使想象蔽塞。故又設以原神、忌神、仇神，和用神生克沖合，而構成較多因素思考的大系統，相似於取象之境。

用神、原神、忌神、仇神之間的關聯為：

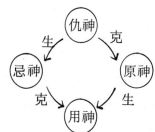

中國術數書中有許多預測實例和判定法則，略述如下：

㈠月建生克沖合用神。

如卯月爲木，克用神戌土，不利。

如辰月沖用神戌，爲月破，不利。

如午月爲火，午火生用神戌土，且午月火旺土相，諸事可
爲。

如丑月，丑月爲土旺之時，用神戌土旺相，爲吉。

如戌月，用神戌土爲旺，諸事亨通。

如申、酉、亥、子月，用神戌土休囚，不利。

㈡日辰生克沖合用神。

如卯日爲木，克用神戌土，不利。

如辰日，辰沖用神戌，爲日破，不利。

以此類推，日辰相似月建，可以依推算月建之原則推算之。

㈢之爻生克沖合用神。

如變爻用神爲戌土。

之爻爲午火，謂之爻回頭生戌土。

之爻爲卯木，謂之爻回頭克戌土。

之爻爲辰，則辰沖戌。

之爻爲卯，則卯合戌。

以上是由用神（主事爻）單一判定。如果加以原神、忌神、
仇神，則可以三層次判定，或三層次思考。

第一層次思考，爲用神自身狀態。

第二層次思考，爲原神和忌神狀態。如用神爲吉占，則原神
狀態應輔助用神。如用神爲凶占，則忌神狀態應克制用神，使用
神逢凶化吉。

　　第三層次思考，爲仇神狀態。仇神控制原神和忌神。

　　總之，四者關聯綜合判定，較之用神單一判定，有更多相輔相成，和相反相成的因素。由單一簡單推理得出的結論，不如由多種因素綜合而得出的結論，更有思辯性。

[原神有利於用神的狀態]

　　首先根據所測何事，由世爻、應爻、六親定出主事爻，即用神。再由五行生克定出原神、忌神、仇神，此爲定位。定位使卦爻彼此發生關聯。卦爻發生變動，月建、日辰也加入此動變，然後綜合思考。周易六十四卦是人類思維的一種模式，火珠林法是周易思維模式的一種派系。以下僅舉判斷的一些例子：

　　例一，寅日測事

　　　　原神 ——— 巳火

　　　　用神 ——— 丑土

　　首先根據所測何事，定出用神。巳火生丑土，即原神生用神，而定出原神。寅日，巳火長生，稱「原神巳火長生於日辰」。原神長生，可輔助用神。

　　例二，卯日測事

　　　　原神 ——— 巳火

　　　　用神 ——— 丑土

　　火旺於卯，稱「原神帝旺於日辰」。原神可輔助用神。

　　例三，原神（變爻）——— 巳火化卯木

　　　　用神 ——— 丑土

　　原神「動化囘頭生」（即卯木生巳火）。

　　例四，原神 ——— 卯木

　　　　用神 ——— 巳火

　　　　　忌神　　　　　亥水

　　忌神亥水生原神卯木，如二者有生氣（如旺相狀態），則謂「忌神與原神同功」，使用神之吉兆倍增。

　　以下列表說明用神、原神、忌神、仇神的確定關係：

原神	土	金	水	木	火
用神	金	水	木	火	土
忌神	火	土	金	水	木
仇神	木	火	土	金	水

從此表我們得出「忌神生原神」及「用神克仇神」兩種關聯。前述之四者關聯圖增訂如下：

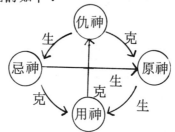

此圖可分解爲數個子系統，生克關係決定於諸神狀態。

　　例五，原神爲變爻，其與之爻之關聯爲：

　　　　原神 ——— 巳火化午火

　　　　　　　　或寅木化卯木

　　　　　　　　或丑土化辰土

　　　　　　　　或申金化酉金

　　　　　　　　或亥水化子水

　　　　　　　　或未土化戌土

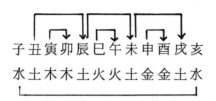

子　丑　寅　卯　辰　巳　午　未　申　酉　戌　亥
水　土　木　木　土　火　火　土　金　金　土　水

五行屬性相同，如本爻爲木，之爻也爲木，且地支序順行，稱爲「動化進神」。對用神有利。

概括言之，原神能助用神者，有數種情況：

㈠原神旺相，或臨日月。

㈡原神動化囘頭生。

㈢原神動化進神。

㈣原神長生於日辰。

㈤原神帝旺於日辰。

㈥原神與忌神同功。

[原神不能助用神]

㈠原神休囚，又被克傷。

㈡原神逢空亡或月破，且休囚。

㈢原神衰而又絕。

　如卯月甲寅日測事

　　原神 ——— 酉金

　卯月金囚，原神衰；又酉金絕於日辰寅。稱「原神衰而又絕」。

㈣原神休囚，且動化退神。

　如酉月測事

　　原神 ——— 卯化寅

酉月卯木休囚

卯木化寅木爲「動化退神」。

動化退神爲：

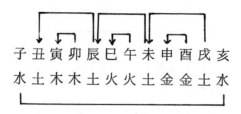

本爻之爻五行屬性相同，地支序逆行，稱爲「動化退神」。
即卯化寅，辰化丑，午化巳，未化辰，酉化申，戌化未，子化亥。

㈤原神入墓。

　　如丑日測事

　　原神 ——— 申金

　　申金墓於丑日，稱申金入墓。

㈥原神休囚動而化絕，化散，化破。

　　如酉月測事

　　原神 ——— 卯木化申金

申金克卯木，稱「卯木絕於申金」，又酉月卯處於休囚狀態，
故稱原神「休囚動而化絕」。

日辰沖變爻，之爻沖變爻爲化散，但變爻旺相沖之不散。

「動化」一詞用的較多。變爻動而生成之爻，之爻對變爻的
作用即稱爲動化。之爻克變爻稱爲「動化絕」，之爻沖變爻稱爲
「動化散」，如此等等。

[忌神能克制用神]

　　㈠忌神旺相。

　　㈡月建或日辰生忌神；忌神臨月建或臨日辰（所謂「臨」，指爻的地支和月建，日辰的地支相同）。

　　㈢忌神動化囬頭生，動化進神。

　　㈣忌神旺動臨空。

　　　如丑月甲戌日測事

　　　忌神 ———— 酉（空亡）化未

　　丑月忌神酉金旺相，甲戌日酉空亡，此謂「忌神旺動而臨空」。

　　㈤忌神旺動化空。

　　　如丑月甲戌日測事

　　　　忌神 ———— 辰化申（空亡）

　　丑月忌神辰土旺相，又辰動化申，甲戌日申空亡。

　　㈥忌神長生，帝旺於日辰。

　　㈦忌神與仇神同功。

　　如忌神、仇神處於旺相狀態，則仇神生忌神，忌神克用神，稱爲「忌神與仇神同功」。

[忌神不能克制用神]

　　㈠忌神休囚，或被月建、日辰、變爻所克。

　　㈡忌神空亡、月破。

　　㈢忌神入墓。

　　㈣忌神衰且動化退神。

　　㈤忌神衰而又絕。

　　㈥忌神動化絕，化散。

　　㈦忌神與原神同功。

　　概括以上各種判斷，以五行屬性用神、原神、忌神、仇神各自定位，其生克決定於四者狀態。確定狀態的主要因素是：

與日建關聯——旺相、休囚、月破、臨月建。

與日建關聯——長生、帝旺、墓絕、空亡、臨日建。

與爻變關聯——動化囬頭生、動化囬頭克、動化沖散、動化進神、動化退神。

關於進退神加以說明：進神爲遞進之象，表示事物不斷向前發展。退神爲事物倒退之象。如秋日花殘葉敗。吉事宜於化進，凶事宜於化退。

進神判定有四：

㈠變爻旺相、之爻旺相，乘勢而進之象。

㈡變爻休囚、之爻休囚，等時而進之象。

㈢變爻之爻有一休囚，待時而進之象。

㈣變爻之爻有一空亡或月破，待塡實之日而進。

退神判定和進神判定，正相對偶。即進神旺相宜進，退神休囚宜退。進神休囚不宜進，退神旺相不宜退。進神月破，空亡不宜進，退神月破，空亡不宜退。依此，退神之判定有四：

㈠變爻旺相、之爻旺相，占近事不退。

㈡變爻休囚、之爻休囚，及時而退。

㈢變爻之爻有一旺相，待休囚而退。

㈣變爻之爻有一空亡或月破，待塡實之日而退。

[飛伏神]

先看卦例，如測求財得姤卦。

```
        姤                      乾
父母 ——————          父母 ——————
兄弟 ——————          兄弟 ——————
官鬼 ——————          官鬼 ——————
兄弟 ——————          父母 ——————
子孫 —————— 亥水（飛）  妻財 —————— 寅木（伏）
父母 ——  ——          子孫 ——————
```

為查閱方便，地支之旺相、休囚列表如下：

地支　　　狀態 月建	旺　　相	休　　囚
寅（正月）　卯（二月）	寅卯巳午	子丑辰未申酉戌亥
辰（三月）	丑辰未申酉戌	子寅卯巳午亥
巳（四月）　午（五月）	丑辰巳午未戌	子寅卯申酉亥
未（六月）	丑辰未申酉戌	子寅卯巳午亥
申（七月）　酉（八月）	子申酉亥	丑寅卯辰巳午未戌
戌（九月）	丑辰未申酉戌	子寅卯巳午亥
亥（十月）　子（十一月）	子寅卯亥	丑辰巳午未申酉戌
丑（十二月）	丑辰未申酉戌	子寅卯巳午亥

　　求財、妻財爻為用神，但姤卦無妻財爻，姤屬乾宮，乾之第二爻寅木為妻財爻，將其借來，則姤卦相對應之第二爻亥水稱為「飛神」，借來之寅木為「伏神」。

　　「飛伏」原意為「飛伏之象」，創於京房，宏於荀爽、虞翻，意為卦見者為「飛」，隱伏不見者為「伏」。京房從飛伏解釋卦象，豐富了各卦的卦意和內容。

　　飛伏之判定，是看伏神是否得勢。得勢則有利，不得勢不利。如上例，伏神為寅木，飛神為亥水，亥水生寅木，伏神得勢。

　　伏神得勢之判定：

　　㈠伏神得月建，日辰生，或臨月建、日辰。

　　㈡飛神生伏神。

㈢飛神月破、空亡、休囚、墓絕或動化沖克，使伏神無約束者，因而得勢。

伏神不得勢之判定：

㈠伏神休囚、月破、空亡。

㈡飛神旺相克伏神，飛神得月建、日辰之助克伏神。

㈢伏神墓絕。

六、卦　　例

有成功的卦例，也有失敗的卦例。失敗的卦例俱不載，筆者能讀到的僅是成功的卦例，今錄兩則：

例一，巳月乙未日某人自測病，得大過之鼎卦。

澤風大過（木）

（忌神）妻財　━　━　未土化巳（空亡）

（原神）官鬼　━━━　酉金化未

（用神）（世）父母　━━━　亥水（月破、日克）

　　　　官鬼　━━━　酉金

　　　　父母　━━━　亥水

　　　　妻財　━　━　丑土

自測病以世爻亥水爲用神，被忌神未土動化克之，幸得原神酉金動化相助，又忌神未土生原神酉金，即忌神生原神、原神生用神，使用神化凶爲吉。但用神逢月破、日克，雖有生扶相助，仍爲凶，如樹之無根。後死於卯日，卯日沖原神（卯酉相沖）。用神無根，原神有力亦難以相助。

例二，午月戊辰日某人測妹臨產吉凶，得晉卦。

火地晉

官鬼	———————	巳火
父母	—— ——	未土
（用神）兄弟	———————	酉金
妻財	—— ——	卯木
官鬼	—— ——	巳火
父母	—— ——	未土

　　酉金兄弟爻爲用神，月建午火克酉金，謂之「月克」，日建辰土生酉金謂之「日生」，月克日生，臨產吉占。明日卯時必生，母子平安，因酉與辰（日支）相合，須卯沖開之。

　　這兩例除應用前面所論及的法則判定外，更多應用術數的所謂「活變」。

　　卦例太多，判定因素也太多，筆者對火珠林法，也僅是簡要介紹。說實在的，筆者感興趣的是算命術本身，它是一個完整的運算體系，是一種認定模式。在順境中人，很少談及命運，處於逆境，才有命運之說。然而處於逆境，應和命運抗爭，預測何用。不過中國老祖宗留下來的這一份預卜遺產，總要研究研究。繼承或批判是談不上的，筆者頂多站在洞口，向洞內望望，深淺莫測。

　　不敢掠美，一些資料，卦例，筆者摘抄廖墨香著《周易預測學指南》（中國華僑出版公司，1991 年版）一書，該書筮例很多，不妨一讀。該書《前言》云：

　　　《周易》蘊涵豐富而深邃，它涉及了天、地、人等極其廣泛的知識內容，而這些內容，又是通過占卜的形式——卦，表達出來的。因此，要繼承和發揚這一份古老的文化遺產，首先涉獵一下周易占卜方面的一些知識，是很有必要的。

近代易學大家尙秉和先生總結自己的治易經驗說：「未學易，先學筮」，是不無道理的。

這也是筆者介紹火珠林法的目的。八卦是易之宇宙論，六十四卦是人生發展變化之現象與法則。各種占卜流派，也是在說明人生問題。就此意義講，火珠林法是人生境況的一種分割。而其卦變和爻變以及取象系統，可通向周易。

七、難以逾越的鴻溝

有人提出：「易是宇宙全息統一論」。即《易經》之象數，之理正是宇宙全息理論的描述。有人說：「一個小小的 DNA 分子携帶了人的全部遺傳信息」。全息是神奇的，又是常見的。在一個統一整體中，各子系統與系統存在著一一對應的關係，存在著宇宙信息感應。所謂一滴水可以映出整個世界。占筮正是基於這種全息關聯。

又，宇宙整體皆具有諸種周期，這是宇宙全息周期律。實際從生物繁殖、疾病流行到天體運行，從市場價格到人的感情變化，都是一種周期現象。據《中國青年報》載：日本一位著名的航空事故預測專家井上斜夫，曾成功地預測了 1986 年 8 月 13 日的日本客機墜毀事故，事故發生的時間和井上預言的時間只差半天。他之所以有如此出色的預測本領，緣於他對周期學的研究。井上考察了從 1950 年到 1976 年 26 年間世界航空事故發生的概況，編製了一套《世界航空事故日曆分布表》，從表中發現，每年航空事故的發生都具有集中性、反覆性和周期性的特點，一年當中無事故日有 60 天左右，有事故日在 37 天左右，這 37 天事故最多

而且也最集中，每天 4 起以上。航空事故日曆表揭示，主要事故多發日及事故周期如下：

　　　　3 月 5 日→3 月 28 日→4 月 20 日→………

　　　　8 月 13 日→………

很顯然，航空事故是每隔 23 天便重複一次高峰期。井上集其研究成果，先後出版了《航空事故之謎》、《航空事故預測》兩部專著，有很強的理論和現實價值。

　　周期學在預測地震等災害上也很有成效。我國學者就曾預測出：1991 年 9 月 12 日±1 個月內將發生一次強烈的颶風。結果 1991 年 8 月 20 日美國發生了一次強烈的颶風。

　　如此等等，周期規律起主導作用。

　　中國古老的占筮，時間推算是以天干地支的配合，本身即是一種周期性時制。是否能和現在方興未艾的周期學掛上鈎，是值得探討的問題。

　　中國古代沒有提出全息這一概念，但《周易》卦的形成和卦的模式，却是全息律的豐富遺產。六爻結構的六十四卦，囊括了宇宙的全部道理和變化。《繫辭上》云：「極天下之賾者存乎卦，鼓天下之動者存乎辭。」意為六十四卦儲存了宇宙和人事的全部信息，成為一個無所不包的信息庫。

　　《周易》體系的預測是應用全息論中潛在信息概念。「潛」的含義是尚未表現出來的信息，只以濃縮的形式，隱蔽地存在著。每個事物的顯信息儘管是有限的、特定的，但在任何事物顯信息背後，在事物的底層都隱藏著有窮或無窮的潛信息。如生物的遺傳信息就是這種潛信息。某人某月某日預測，卜得某卦，可以理解成潛信息的符號化。而符號的釋義，即是從「隱」到「顯」的

全過程。

但六十四卦（即符號），現在我們可以認知的，如：

㈠若以卦為分類單元，則分為六十四大類。卦與卦的取象及內涵截然不同。坎為水、離為火，水火不相容。地天泰，「天地交而萬物通也」，天地否，「天地不交而萬物不通也」二者正向反對。

㈡但以全息論立論，六十四卦又是相通的。每一卦潛含著六十四卦的內容。每一卦由於陰陽二爻的自由相推，都具有變出六十四卦之勢。換言之，靜止下來是一卦，運動起來就展現為六十四卦。就信息而論，其中一卦的信息聯繫著其他六十三卦的信息。

㈢先天八卦和先天六十四卦，其次序來源於陰陽的自然變化。陰而陽，陽而陰，陰而陰，陽而陽，正是自然和人事秩序。並由此演出六十四卦方圓圖。圓圖以乾坤為經，以坎離為緯，其方位把天地闢辟，日月運行顯現出來。陰極一陽生復卦，陽極一陰生姤卦，坤復之間為冬至，乾姤之間為夏至，其陰陽消息的無窮循環變化，也說明了寒暑來往以及宇宙萬事萬物的盛與衰的轉化過程。方圖以八卦相交的貞悔變化，可以理解到《周易》六十四卦的交叉關係，及事物發展的兩個方面。概括言之，數十種易圖是宇宙的全息記載。是宇宙和人事模式的「影印」和「複寫」。

㈣京房易由爻變而生成一世卦、二世卦……遊魂卦、歸魂卦，也是一種信息溝通模式。京房爻變，實際是其陰陽二氣說的一種體現。京房陰陽二氣說是以陰陽二氣的變易解釋卦爻象的變易，以此說明「易」就是陰陽二氣升降變易而無止境。以此形成京氏理論體系，也是信息體系。

但卦或爻的認知，並未說明信息的從「隱」到「顯」。上面談到六十四卦儲存了宇宙和人事的全部信息，成爲一個無所不包的信息庫。但「《易》無私也，無爲也，寂然不動，感而遂通天下之故。」這個信息庫不會思想，不會說話，不會行動，但是通過一定的檢索方法，就可以得到你所需要的信息。火珠林法就是一種檢索方法，但這種檢索誰又說得清其眞實性。我們能認知的是：蓍占，或火珠林法的以錢代蓍含有潛信息。從「潛」到「顯」，即是從起卦到判定的過程，即是檢索，即是「尋址」，誰說得清楚其眞實性。

《周易》的特殊結構：卦爻構架的有限性、象數的無限性，以及變換的有序性，反映了宇宙的全息特性，無疑的這在世界認識史上是一大成就。但其實際應用的預測體系，其機制是甚麼？卦的運算和解釋、判定，可以看作一種程式。筆者所介紹，也僅是程式，但此程式和起卦的瞬時狀態，如何對上號，即是機制問題。這一機制目前還難以認知，難以逾越。

《周易》的世界

　　從文化史研究、從哲學研究、從古史研究《周易》，似爲正途，最初《古史辨》作了如此諸多的研究工作。但不容忽視的是《周易》的框架結構，却是爲卜筮而設置，卦畫、文辭都是由卜筮而形成。卜筮本身是人類需求的一個特殊面相。卜筮由人類憂患意識而產生。人類顧要理解自身，便創造出一個理性理解之背景，且以這種理性的理解，由《易經》創造出《易傳》。卜筮可以反映出一個人在世界上的處境，並且給出吉凶判斷和最佳忠告，這就是爲什麼卦攤從周代一直擺到現在。

　　卜筮的操作，形成卦畫，且最原始的文辭（卦辭、爻辭）是卜筮的記錄。我們尋求卜筮的構架，或者描繪卜筮的圖像，就需通向《周易》的世界。《周易》世界，以自然層面而言，八卦概括宇宙變化方式，如乾卦的元亨利貞，即時序春夏秋冬，即空間東南西北。天地運行，流衍變化，不忒不窮。《周易》的另一世界是義理世界，即由自然層面超化之，而化生的世界。強調人的內在價值，妙與宇宙合德無間，「天行健，君子以自強不息」，「大人者，與天地合其德，與日月合其明，與四時合其序，與鬼神合其吉凶」。《周易》世界，對天不執着其自然層面，而要不斷地加以超化，所以《周易》世界，是或指自然界，或指超化的世界。

　　《周易》的又一世界（或系統）是卜筮世界。先民的卜筮記

錄，可能有成千上萬條，所記錄的是天時、地利和人和，是對事件的預卜，是對世界與生命的描繪，當形成《易經》文本（即卦畫和文辭），是對生命、事件、世界的分類，是一套完整的卦爻符號系統，是一套文辭的組合，憑藉其語法交錯連綿的應用，可以發掘卦爻間意義之銜接貫串。卜筮是對分類的認可。

《周易》陰陽交變是其宇宙論及太極之概念，「易有太極，是生兩儀」乃統體之太極，「乾道變化，各正性命」則物物各具一太極。卜筮世界深化之為一太極世界，具體圖像是一太極圖。由此分解下去，一而二，二而四，四而八，以至六十四，這是從無序到有序的變化過程。太極沒有中心，混然一體，但分解下去，却是序列，類似於非平衡態勢力學和統計物理學中的耗散結構。即一個開放系統，偏離平衡狀態到遠離平衡態時，就從無序向有序演化。這也是卜筮結構。個體的人，即是一小太極，卜筮的全過程，即是由此小太極隨機地生化出六十四卦序列。斷卦，是解釋此序列，序列有限，僅止於六十四，然而解說却無窮。人文不同於自然，由六十四卦序列，再返回個體的小太極時，是加以解說者的思想活動和意志取向，只有當解說者心中的設想與小太極相符合時，預測才是實在的。人各有異，人的具體情況又各不相同，那麼實在的根據又是甚麼呢？自然科學的耗散結構，物態遠離平衡點，從有序到無序不能逆轉，即有序不能再回到無序，人文科學的「耗散結構」，從有序的六十四卦，再回到小太極，可以逆轉，二者的差異，在於後者是有人的思維活動。但解說無窮，在無窮的解說中，何以必然是這種解說，而不是其他解說？解說的機制又是甚麼呢？預測需要信息，如「歷史類比」、「統計模型」、「概率論模型」、「因果關係模擬」、「交叉影響分析」

等等，《周易》的信息場又是甚麼？

　　卦攤從周代一直擺到現在，卦攤設在民間，也設在高級文化人中，完全否定《周易》預測和承認《周易》預測，都極其困難。《周易》的自然層面的自然世界；作為六經之首的義理世界，是研究的課題，而其卜筮世界，是很少涉及的領域，一個時期是禁錮的領域。筆者只想從易象角度探索這一問題。易象是廣大深刻的體驗，易象又從體驗和經驗而來：

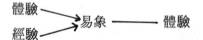

這裏說明中國人包含、包存、溶化式的思維方式，將舊經驗包含、包存、溶化在新經驗裏，卜筮的前提條件是經驗的累積，這種經驗使預卜未來成為可能。六十四卦卦象，是思維的鑄模，一部《周易》的精粹就在於將人的思維納入鑄模。預卜的解說無窮，但在無窮中可以選擇有限，在變異中尋覓出簡易，使有序返回無序的太極為單一途徑。《繫辭》說：「蓍之德圓而神，卦之德方以知，六爻之義易以貢」，「德」功效也，「義」即義理，「圓」指卜筮運算的七、八、九、六，四個數字，運而不滯，「神」是盡其變，「方」指卦有定體，是有序，「貢」告也。七、八、九六，確定六爻，六爻成卦，爻有爻位，卦有卦體。卦體有轉換與相關性，有反對與平對性，有消長性。爻位有「得位」、「當位」以及「不得位」、「不當位」，在爻的關係中隱含著往來運動。卦體與爻位是「方」的內涵。「知」的構架是卦象，卦取象告之以「知」。這樣，由「圓」而「方」而「貢」（知）是卜筮的全過程。

　　卦象所表達的概念，具有隨機性、多義性、多功能性、整體

性。試舉《周易‧臨》卦一例：

> 臨，說而順，剛中而應。大亨以正天之道也。

上卦爲坤，卦象爲順，下卦爲兌，卦象爲悅（說），九二剛中，而應上四陰爻。所以說：「以正天之道「，卜此是大吉的。但這僅爲一義，且爲一種功能。尚秉和先生於 1925 年農曆七月初七，曾卜筮直奉戰爭的起止時間、戰爭走向、戰事規模。預測結果，戰爭起於八月，終於十二月；戰爭從西南方到北方。後來驗證是準確的。尚先生卜筮同是「臨」卦，但不取《周易》本文之大吉解，而是另取卦象。卦象本身充滿了戰爭氣氛、甲冑戈兵，且北方戰禍比南方嚴重得多。本卦爲臨卦，之卦爲井卦，這是整體卦；本卦外卦爲坤，變之卦外卦之坎，本卦內卦爲兌，變之卦內卦之艮；又加以互卦之卦之二至四爻兌，三至五爻離，即操作是有序的，是一種組合模式，同時又允許旁通和再造。取象基於一種對事物的經驗、體驗、感悟和直覺，是一種「活變」。「易之妙，妙在象」，易象既具體又抽象，既具象又空疏，易象整體關聯，體用不二，矛盾和諧，易象世界是深具價值的目的論系統。易象具有深層次的思維模式的規定性。假如邏輯推理使人的思維精確化，而易象卻使思維模糊化，前者局限，後者廣垠，前者「定」，後者「慧」。人文內涵深邃而複雜，人們在這極度複雜性面前，不是邏輯性的非此即彼，而是亦此亦彼的易象的「直覺」和「感悟」。認識世界，尤其預測未來，複雜性超過一定閾限，易象的思維模式不容忽視。這種模式是在兩千年來，尤其西漢易學不斷積累經驗的基礎上所產生。掌握《周易》卜筮，實際是掌握易象———包括現在通行本的象和已經失傳的象。易象的組合和整體性，是由卦爻的組合和變化而完成。

　　當由卜筮世界，走向義理世界，易象增強人對自我的認識與完善。吉凶所反映的個體與環境的狀態，使自我的行動有最佳抉擇，這就是易象的價值。